中華古籍保護計劃

成　果

《書目題跋叢書》工作委員會

《書目題跋叢書》編輯委員會

書目題跋叢書

崇雅堂書録
崇雅堂碑録

第一册

甘鵬雲 撰
劉 暢 點校
趙 嘉
張志清 審定

中華書局

圖書在版編目(CIP)數據

崇雅堂書録;崇雅堂碑録/甘鵬雲撰;劉暢,趙嘉點校.
—北京:中華書局,2022.5
(書目題跋叢書)
ISBN 978-7-101-15577-8

Ⅰ.崇… Ⅱ.①甘…②劉…③趙… Ⅲ.私人藏書-圖書目録-中國-民國 Ⅳ.Z842.6

中國版本圖書館 CIP 數據核字(2021)第 277429 號

責任編輯:郭睿康 劉 明

書目題跋叢書
崇雅堂書録 崇雅堂碑録
(全四册)
甘鵬雲 撰
劉 暢 趙 嘉 點校
張志清 審定
*
中 華 書 局 出 版 發 行
(北京市豐臺區太平橋西里 38 號 100073)
http://www.zhbc.com.cn
E-mail:zhbc@zhbc.com.cn
河北新華第一印刷有限責任公司印刷
*
850×1168 毫米 1/32 · 52¾印張 · 8 插頁 · 900 千字
2022 年 5 月第 1 版 2022 年 5 月第 1 次印刷
印數:1-1000 册 定價:280.00 元

ISBN 978-7-101-15577-8

《書目題跋叢書》編纂説明

中華民族夙有重視藏書及編製書目的優良傳統，並以「辨章學術，考鏡源流」作爲目録編製的宗旨。

漢唐以來，公私藏書未嘗中斷，目録體制隨之發展，門類齊全，蔚爲大觀。延及清代，至於晚近，書目題跋之編撰益爲流行，著作稱盛。歷代藏家多爲飽學之士，竭力搜采之外，躬親傳鈔、校勘、編目、題跋諸事，遂使圖書與目録，如驂之靳，相輔而行。時過景遷，典籍或有逸散，完璧難求，而書目題跋既存，不僅令專門學者得徵文考獻之助，亦使後學獲初窺問學門徑之便。由是觀之，書目建設對於中華古籍繼絶存亡、保存維護，厥功至偉。

上世紀五十年代，古典文學出版社、中華書局等曾出版歷代書目題跋數十種，因當年印數較少，日久年深，漸難滿足學界需索。本世紀初，目録學著作整理研究之風復興，上海古籍出版社、中華書局分别編纂《中國歷代書目題跋叢書》及《書目題跋叢書》，已整理出版書目題跋類著作近百種。書目題跋的整理出版，不但對傳統學術研究裨益良多，與此同時，又在當前的古籍普查登記、保護研究等領域發揮了重要作用。

二〇一六年，經《中國歷代書目題跋叢書》第四輯主編、復旦大學吴格教授提議，由國家古籍保護中心聯合中華書局及復旦大學，全面梳理歷代目録學著作（尤其是未刊稿鈔本），整理目録學典籍，將其作爲調查中國古籍存藏狀况，優化古籍編目，提高整理人才素質的重要項目，納入中華古籍保護計劃框架。項目使用「書目題跋叢書」名稱，由國家古籍保護中心統籌管理，吴格、張志清兩位先生分司審訂，中華書局承擔出版。入選著作以國家圖書館所藏書目文獻爲基礎，徵及各地圖書館及私人藏本，邀請同道分任整理點校工作。出版采用繁體直排，力求宜用。

整理舛謬不當處，敬期讀者不吝指教，俾便遵改。

《書目題跋叢書》編委會

二〇一九年五月

前言

甘鵬雲（一八六二—一九四〇），字翼父，號藥樵，又號耐公、息園居士，湖北潛江人。光緒二十九年（一九〇三）中進士，初任工部主事，又入進士館學習法政、經濟等新學，並於光緒三十二年（一九〇六）赴日本早稻田大學留學。歸國後曾任黑龍江、吉林財政監理官。民國時期，歷任殺虎關稅務官監督、吉林國稅廳廳長、財政部僉事等職。民國六年（一九一七），甘鵬雲因張勳復辟而對時局感到失望，辭職退出政界。此後定居北京，專事著述，除本書外，還著有《楚師儒傳》、《潛江舊聞》、《潛廬類稿》，與王葆心等共同編有《湖北文征》等。

甘鵬雲出身於貧寒之家，但早年即立志向學，苦讀不輟，爲官期間在經濟領域内多有建樹，而從政之餘，始終究心於學問，晚年更以讀書治學爲己任，著述甚豐。甘鵬雲又是民國時期的重要藏書家，他畢生致力於典籍、碑誌的收藏及湖北地方文獻的搜集整理工作，在編刊書籍方面亦頗有成就。

《崇雅堂書録》和《崇雅堂碑録》是甘鵬雲根據其多年積累的大量藏書和碑誌拓本編纂而成的兩部目録。甘鵬雲在《書録》中回顧了晚清至民國初期諸多藏書家只重稀見善本，而家族藏書又多不能持久流傳的歷史，提出應從治學需要出發、以實用爲目的、適當兼顧版本價值的藏書原則。因此本書所著録的甘氏藏書多爲當時的通行本、晚近新出的相關著述及各種叢書書本，展示了晚清民國時期古籍的流通狀況和整理研究的前沿動態。不過，《書録》並非完全不重視古籍的版本價值。它著録了一定數量的舊抄本、精校本和名人批校本等，其特點在於同時具備較高的版本和學術價值，可見甘鵬雲在藏書版本上的取捨原則。此外，《書録》還著録了不少晚近名人如梁啟超和西方來華名士如傅蘭雅等的著作，體現了鮮明的時代特色。《崇雅堂書録》大體依照《四庫全書總目》的分類方式著録群書，但在若干類目的設置上，又根據所收書籍的實際情況有所調整，反映了甘鵬雲對古代典籍及其學術源流的思考。

《崇雅堂碑録》的編著體現了跟《書録》同樣的價值取向。據其《導言》所云，甘氏編寫此書的目的是爲了向家人、弟子介紹歷代碑版及其字體的源流變化。就像《書録》多收録時人著作一樣，甘鵬雲在《碑録》中特別強調，碑誌的收藏也同樣應該重視「近刻」。當時藏碑者的刻意求「古」並不符合「金石碑誌」這類目録應有的體例。因此《碑誌》所收起自先秦，終於清代，每條依次著録碑名、作者、字體、撰寫時間、出土時間及地點，如有前人的相關考證，則簡述之。它較爲完整地展示了歷代碑誌的發展脈絡，也明確體現了甘鵬雲關於藏書和藏碑的思想宗旨。《補録》與《碑録》同年出版，爲甘氏對前作的補充。

《崇雅堂書録》和《崇雅堂碑録》的唯一版本是民國二十四年（一九三五）北平甘氏息園活字鉛印本。該版本内容完整，印刷清晰，我們便以此爲底本整理本書，希望通過《書録》和《碑録》兩書，向讀者呈現這位民國學者和藏書家的收藏實況，以及他在藏書文化及古籍與碑誌源流等方面的學術思想。

目録

崇雅堂碑録

崇雅堂碑録補卷之二

崇雅堂碑録補卷之三

崇雅堂碑録補卷之四

崇雅堂書録

崇雅堂書録序

余觀藥樵自序其書録，知其先得書綦難，讀書良苦，率與余同。獨其後則豐歉特異。蓋良書盈篋之樂，其聚散悉隨人生之遭遇，不盡關於嗜好。歐公物集所好，猶是得半之説也。藥樵自通籍後，未久即出爲黑龍江財政監理官。其後忽值國變，當道要其以方面，領行省財賦，或筦徵榷。是時鋭然思有建樹，所至持躬廉靖，化私爲公，一洗腥羶流毒。先後規畫力行者九閲寒暑，孤行己意，强立以收葵財之效，略近劉士安。要其官俸所入，較彼歲歲株守研席者相去終自天淵，而君起自寒素，深諳營殖廉泉之潤，綜覈有法，不期腴而自優厚。擅此兩端，由是鋭意收括書籍之願，悉藉以償。若余則光宣間雖亦入都，備書、校書於曹司班行中，或授書於學校，裁閲五稔，月給請受，祇符三百六旬之數，在余則爲最優裕之時。是時兄弟義居，子姓林立，方相與圖生計之不匱，悉所有以贍家。雖居鄰廠肆者三年，日走屠門，一臠未以入口。山齋所蓄，猶是前此與君同時課文得錢所購之書，其竟較君前後所有祇三分之一而强，且君生平所得雖尠宋槧元鈔，而縹帙必精，排比必整，余則但求有字而值廉，他更不敢計。然則此一事余之遜藥樵不可以道里計。其故則由兩人中年以後所遭之殊，而治生優絀尤霄壤，非余之嗜書遽遜藥樵也。而尤有異者，藥樵少壯辛苦所得之書藏之家者，悉爲洪水收去，今所存者，皆應官中外所得。余則少壯時辛苦所得亦藏之家，雖中經匪燹，燼其秘惜十之一二，而通常之本則八九均爲里人救出，其所存皆三十年以前兄弟節縮所得。然則天之於余啬其力，使畢生無充裕之境以恣收書一日之樂，於藥樵則獨有遭遇，以償其大願，似天於君獨厚矣。乃其卒也，仍俾余留此戔戔辛苦之物，供其垂老之娱，於藥樵則僅留其後來恣意所得者以慰之。此中一予一奪，情事自殊，而造物固不肯予人以完美，必使各留缺陷，又恰相等。宜藥樵不鄙予小巫之陋，必使之叙此録之由。然卒何以掩予小巫見大巫之恥也耶？蓋藥樵之舊藏雖敓於水，其後之所有猶超余而上之，溢其半數，固宜爲書録以示後，供癖書者之考校。吾尤喜其此舉不蹈吾鄉先輩平安館、觀海堂與蘄水王氏、武昌柯氏書散而目亦亡之慨歎，尤可開創吾鄉方來收藏之風尚，其益甚大。若余所收，雖經亡兒夔强一再簿録，終付塵封，亦以此非適意之遭，姑留以待可耳。今年夏秋，君促余賫《湖北文徵》來舊都相與葳事，余又以蒐求方志缺佚觀書此間，因獲半載之聚首，恰與君槧行此録相值，故不辭而書此以歸之。乙亥秋仲羅田王葆心。

崇雅堂書録序例

予自幼別無嗜好，惟好書。朝斯夕斯，非書莫適也。得南皮師《書目答問》，讀之，始知求書。顧家貧不可必得，每閲市，輒流連不忍去。聞人有秘籍，必展轉假鈔，刻期歸還無爽，以爲常。猶記少時有以《史記》求售者，直僅二緡，囊中空無有，謀之先太夫人，以衣物付質庫，乃得之，其艱如此。自後負笈武昌，肄業菱湖，從先師譚復堂、鄧葆之、梁節盦諸先生游，多見賢豪長者，始稍識問學塗轍。插架所有，不過羣經、《通鑑》、《史》、《漢》而已，四部要籍苦未周備，欲參攷而無從也，意頗恨之。先君子不謂然，徐曰：「學固貴博，尤貴知要。豈必待插架三萬，而後議讀耶？何如姑盡所有，再謀其他？」予爲悚然，自是專致力於經史義理，詞章之學無暇旁騖矣。如是者有年，然而嗜書之癖莫能改也。凡足以輔德業、資治理、廣知識、備參攷者，必審其緩急後先，次第搜集之。起戊子，迄壬寅，凡十有五年，計得書十萬卷，藏諸潛江將廬。自癸卯通籍，迄丁巳歸田，凡十有五年，又積書二十萬卷，藏諸北平息園，葢四部要籍略備於是矣。迴憶生平理財黑吉，榷税邊關，于役并門，前後纔九年耳。此九年以外，皆我讀書之日，以書求己，以書養心，處境之困，以書慰窮愁，拂逆之來，以書袪煩惱。恨古人之不可作也，以書爲師友，欲周覽四海九州之大也，以書當臥遊，守官以書經世務，垂老以書娱暮年。葢終其身，不廢書册，無一日不與書爲緣焉。書乎！書乎！其能世世守之，久而不散矣乎？殆不可必也。黄梨洲有言：「藏書難，藏之久而不散則尤難。」予每誦其言而悲之，古今書籍之厄，葢悉數之而不能終矣！但就予所知者言之：歸安陸氏皕宋樓、聊城楊氏海源閣藏弆至有名，一流入東瀛，一爲駐軍席捲而去；常熟瞿氏、錢塘丁氏亦藏書家表表者，聞其後人亦不能守也；潘吴縣、翁常熟兩相國，王廉生、盛伯羲兩祭酒，在光緒初，亦侈談收藏，身後楹書皆散如雲煙不可問；江陰繆筱珊、武昌柯遜庵、長沙葉焕彬皆富藏書，身没以後，散落廠肆，殆盡矣；宜都楊惺吾藏宋元本極多，其後人以七萬元屬之他氏矣；黄岡王洪甫、漢陽周退舟、江甯鄧孝先所藏，頗不寂寞，乃及身而售之；黄陂陳士可精于鑒別，頗多海内孤本，其後人以賤價售之廠估，並不問篋内何書也。然則梨洲所云久而不散之難，豈不信然也耶？陸、楊、瞿、丁、繆、葉、鄧七家尚有書目流傳，其餘諸家別無紀載以表見於世，真憾事矣。予爲此懼，懼書籍之不能久聚也。因思寫定目録，遂按四部分類編成十五卷，明知異本無多，不足稱收藏，然有此一書，未散以前，可以備緗檢，既散以後，亦可作前塵夢影之留。《藝風藏書記自序》云：「異日書去而目或存，掛一名於藝文志，庶不負好書若渴之苦心。」區區微旨，亦若是焉已爾。壬戌春三月，息園居士甘鵬雲書，時年六十有一。

是編既寫定，未及付手民，恐續有所得，便增入耳。癸亥秋，忽得潛陽潰隄之信，漢水灌潛城，將廬藏書十萬卷盡付洪流矣。惜哉！惜哉！此十萬卷者，皆予儲積賣文錢節衣縮食所聚，與有力購致者不同，可惜一也。其中有先君子編輯及手鈔點治之書，可惜二也。有鄉先生著述，孤本僅存之書，可惜三也。有予手鈔手校之書，可惜四也。予有俚句云：「潛陽老屋小如舟，石墨盈車書汗牛。可惜無人勤守護，金隄一決付洪流。」詠此事也。已矣！已矣！莫如何矣。昔人有書爲造物所忌之説，予頗不然之。今不幸於吾身親遇之矣，異哉！歸震川之言也：「書之所聚，有如金寶之氣，卿雲輪囷覆護其上。」嗚乎！其信然耶？抑强作快心之論耶？不然胡自辛亥以來，書籍之厄於兵燹水火者，屢見不一見也。將廬之書亡矣，息園之二十萬卷，其能長爲我所有耶？抑否耶？聊存書目一編，等諸過雁留影而已。甲戌冬，潛廬老人甘鵬雲書，時年七十有三。

編纂此書初仿《孫祠書目》之例，分爲十二類。友人規余曰：「自荀勖、李充以來，區分四部，綜括羣書，相沿已久，無庸更張爲也。」予深韙之，故仍以四部分類編次之法，大率以《四庫總目》爲藍本，然有不概於心者，亦不苟同也。

經之類十有三，曰易類，曰書類，曰詩類，曰禮類，曰樂類，曰春秋類，曰四書類，曰孝經類，曰爾雅類，曰石經類，曰羣經總義類，曰小學類，曰緯候類。

《易》教廣大，無所不包，漢儒言象數，京、焦談禨祥，王、韓祖尚虛無，陳、邵務窮造化，胡瑗、程子闡明儒理，李光、楊萬里參證史事，其流夥矣。今第依撰人時代，敘次爲一類，不復區別條流，《四庫總目》之例也。

《書》有今古文之别，而古文與孔《傳》之真僞，尤滋聚訟。彼亦一是非，此亦一是非，讀者當自得之，不欲爲左右袒也。今第依撰人時代録之。

《詩》有齊、魯、韓、毛四家，齊、魯、韓三家均亡，存於今者，獨《毛詩》而已。三家但有清人輯本，無全帙也。今分録之，爲毛詩之屬，爲三家詩之屬。

《周禮》、《儀禮》、《禮記》舊稱「三禮」，今仍分録之。三禮外，增大戴禮之屬。其通考三禮者，爲三禮總義之屬。别考五禮者，爲禮書之屬。

樂之亡久矣，唐以來志目或以樂伎雜厠其間，非也。今録其有關雅樂及考訂律吕者，次爲一類。

《春秋》三傳，《四庫》未分别著録。今遵《書目答問》之例分録之，爲春秋左傳之屬，爲春秋公羊傳之屬，爲春秋穀梁傳之屬，爲春秋總義之屬。

《論語》，《漢志》入六藝，而以《孟子》入儒家，《大學》、《中庸》在《小戴記》。合爲《四子書》，自宋儒始。《四庫總目》有四書一類，今仍之。分爲四種，曰論語之屬，曰孟子之屬，曰大學中庸之屬，曰四書總義之屬。

《孝經》、《爾雅》，《漢志》列爲一家。《爾雅》爲十三經之一，其來久矣。《四庫》乃以《爾雅》列入小學，非也。今從《漢志》而小變其例，分《孝經》、《爾雅》爲二類，不令與小學混同。

《隋志》以石經入小學。張文襄公云：「石經乃經文本，原應别爲類。」長沙葉焕彬云：「開成石刻、乾隆監本煌煌巨製，不得以小學目之。且近儒或校文字，或叙廢興，著述衆多，非别立一類不能統括羣書。」予深然之，今從其説。序次石經爲一類。

仿《四庫》之例，列羣經總義一類。子目五：爲古注之屬，爲説解之屬，爲記載、目録之屬，爲文字之屬，爲音義之屬。《漢志》及《四庫》目録均有小學類，今從之。《説文》形、聲、義三者兼備，故叙列小學類之首，餘則爲訓詁之屬，爲字書之屬，爲韵書之屬，而以雜體書終之。《千文》、《蒙求》以教學僮，亦《漢志》列《弟子職》、《急就章》之例也。

緯候爲東漢經學之別子，《四庫》以易緯附於易類，孫毂《古微書》附於五經總義，均覺未安。惟長沙葉氏《書目》別爲一類，今從之。

史之類十有五，曰正史類，曰編年類，曰紀事本末類，曰古史類，曰別史類，曰雜史類，曰傳記類，曰史鈔類，曰載記類，曰政書類，曰地理類，曰譜牒類，曰目録類，曰金石類，曰史評類。

正史者，正統之史也，叙列正史專書外而以音注、訂補、考證之屬及年表、元號之屬附之。

《四庫》有編年、紀事本末兩類。編年源於《春秋》者也，《資治通鑑朱子綱目》爲大宗，故別爲三種，曰通鑑之屬，曰綱目之屬，曰別本紀年之屬。紀事本末源於《尚書》者也，爲編年之變例，以踵事者多，故另爲類焉。

《四庫》無古史一類，《書目答問》有之，其説云：「古無史例，故周秦傳記體例與經子史相出入，散歸史部，派別過緐，應彙聚一所，爲古史。」其説至碻，今從之。

别史與雜史兩類，《四庫》均有之，其界劃頗難分析。今從南皮先生之説，以官撰及原本正史重爲整齊，關繫一代大政者入别史，私家紀録中多碎事者入雜史。惟雜史流别較繁，區爲三種，爲紀事之屬，爲掌故之屬，爲瑣記之屬。

傳記類子目三，曰聖賢之屬，曰名人之屬，曰總録之屬。又叙録、史鈔爲一類，載記爲一類，皆《四庫》之例也。

《四庫》區分詔令、奏議爲一類，職官爲一類，政書爲一類。予謂詔令、奏議莫非言政之書，職官則官制、官規也，亦政書也。今概以政書統之，區爲十種：曰詔令奏議之屬、曰通制之屬、曰職官之屬、曰民政之屬、曰邦計之屬、曰典禮之屬、曰軍政之屬、曰刑律之屬、曰考工之屬、曰外交之屬。

地理類者，史家地理志、溝洫志之流也。今區而爲八，曰總志之屬，曰分志之屬，曰水道之屬，曰邊防之屬，曰外紀之屬，曰古蹟名勝之屬，曰雜志之屬，曰遊記之屬。

依《隋志》列譜牒一類。凡人名姓氏之屬及年譜之屬，均入之。《四庫》以姓氏、人名之書入類書，論者以爲未允，年譜入傳記，亦不如入譜牒之愜當也。

經籍、金石，《四庫》以目録一類括之，今區目録、金石爲二類。目録之目三：曰書目之屬，曰題跋之屬，曰考訂之屬。金石之目四，曰目録文字之屬，曰圖象之屬，曰題跋考釋之屬，曰義例之屬。

史評類依《書目答問》分子目爲二，曰史法之屬，曰史事之屬。

子之類十有四，曰儒家類，曰法家類，曰農家類，曰醫家類，曰兵家類，曰道家類，曰釋家類，曰天文算法類，曰術數類，曰藝術類，曰譜録類，曰雜家類，曰小説類，曰類書類。

《四庫》儒家類不分子目，今依《書目答問》之例區而爲三，曰論撰之屬，則議論經濟之書也，曰理學之屬，則宋元以來闡明性理之書也，曰考據之屬，則考證經史、疏解名物之書也。

葉氏《觀古堂書目》列子部書，有名家、縱横家、陰陽家、墨家諸類，竊謂可不必也。古書之存者，名家僅《公孫龍子》、《鄧析子》、《尹文子》三書；縱横家僅《鬼谷子》一書；墨家僅《墨子》一書；陰陽家並無書。諸家學術自漢以後久無嗣響，何必縷列以裝門面？不如《四庫》列入雜家之爲得也。今依《四庫》例，凡古書無多者，均列入雜家。蓋雜家包羅萬有，無所不容耳。至如法家、農家、醫家、兵家、小説之流，仍分類條列，以此類書後代較多，與古書宗旨不甚相遠，可以强附也。

雜家類子目二，凡著書立言卓然成家者，爲論撰之屬；其泛論事物，考證見聞，隨筆雜記者，爲記述之屬。

兵家類子目四，爲權謀之屬，爲形勢之屬，爲陰陽之屬，爲技巧之屬。從《漢志》例也。

天文算法類爲中外利用之學，子目二，爲天文曆象之屬，爲算術之屬。算術有中法，有西法，有中西通法，均類次之，注於每類之末。

術數類子目五，爲數學之屬，爲陰陽五行之屬，爲占卜之屬，爲形法之屬，爲星命之屬。

藝術類子目五，爲書畫之屬，爲法帖之屬，爲文房之屬，爲篆刻之屬，爲雜技之屬。

譜録類子目四，爲器物之屬，爲草木之屬，爲鳥獸蟲魚之屬，爲飲饌之屬。

小説類子目二，爲雜記、雜説之屬，爲異聞之屬。

釋家類專舉其有關考證者録，厠道家之次。

類書本非子，姑從舊例，附諸子部之後。

集之類五，曰楚辭類，曰別集類，曰總集類，曰詩文評類，曰詞曲類。

別集類子目六，爲漢魏六朝人詩文集之屬，爲唐人詩文集之屬，爲宋人詩文集之屬，爲金元人詩文集之屬，爲明人詩文集之屬，爲清人詩文集之屬。

總集類子目四，爲《文選》之屬，爲詩文統編之屬，爲詩編之屬，爲文編之屬，而以詩文評附之。

詞曲類子目三，爲詞集之屬，爲詞選之屬，爲詞話、詞譜、詞韻之屬。

南皮《書目》每類有正録，有次録。次録則低一格書之，亦如《四庫總目》著録後附存目也。是編意在便尋檢，不主辨優劣，故不用其例，一律平格書之，但將《四庫》著録及存目分别列於各書之下，以便檢查，其《四庫》未收者從闕。

所收各書卷數及撰人必備記，何年何人所刻必備記，係何版本，或單行，或彙刻，或精校，或舊槧，或傳鈔，亦必詳悉注明。

是編託始在十年以前，初命從子世恩依《孫祠書目》例編纂，分爲十二類，因病南歸，未及成書，繼命外甥劉民安遵《四庫》分類編纂。排比粗就，又以從公他往，未能寫定也。嗣乃命長孫永思繼續編校，商榷義例，疑問滋緐，斟酌再三，乃始寫定。然細加檢閲，罅漏仍多，復囑門人劉壬甫僉事文嘉通校一過，虚中理董，多所補苴，匡謬訂譌，浹月方竣，用力之勤，不可没也，例得附書。

自來藏書家侈談宋本，次則元刻、舊鈔，至於近刻，則屏而不録。如聊城楊氏《海源閣書目》、歸安陸氏《皕宋樓書目》、常熟瞿氏《鐵琴銅劍樓書目》、閩縣陳氏《帶經堂書目》皆是，此洪北江所謂藏書者之藏書也。惟□□倪氏《江上雲林閣書目》、揭陽丁氏《持静齋書目》、長沙葉氏《觀古堂書目》多收近刻。此洪北江所謂讀書者之藏書也。予一介寒儒，豈敢侈談宋槧？故所收之書近刻居多，但以爲讀書者之藏書，則愧矣愧矣！炳燭餘光，雖勤奚補？插架汗牛，實未能逐卷過目也。

崇雅堂書録卷之一

潛江甘鵬雲藥樵編

經部一

易類

易經白文十二卷

經二卷，傳十卷。江南製造局聚珍版本。

子夏易傳十一卷

舊題卜子夏撰。康熙丙辰納蘭性德刻《通志堂經解》本。或云唐張弧撰。《四庫》著録

子夏易傳一卷

道光辛巳張澍輯刻《二酉堂叢書》本。馬國翰輯刻《玉函山房叢書》本。

京氏易傳三卷

漢京房撰。乾隆壬子王謨刻《漢魏叢書》本。

周易鄭注二卷

漢鄭玄撰，宋王應麟輯。嘉慶丙寅康基田刻《玉海》附刻本。《四庫》著録。

鄭氏易注三卷補遺一卷

漢鄭玄撰。清惠棟輯。乾隆丙午盧見曾刻《雅雨堂叢書》本。同治癸酉鍾謙鈞《古經解彙函》重刻盧本。《四庫》著録。

鄭氏易注十二卷

漢鄭玄撰。清丁杰輯補。嘉慶戊寅陳春刻《湖海樓叢書》本。

周易鄭注十二卷

漢鄭玄撰。清孔廣林輯刻《通德遺書》本。

陸氏易解一卷

吴陸績撰。《古經解彙函》重刻孫堂本。《四庫》著録。

陸氏周易述三卷

吴陸績撰。清馬國翰輯刻《玉函山房叢書》本。

周易注十卷

魏王弼及晉韓康伯撰。乾隆癸卯武英殿仿宋《相臺五經》本。光緒二年江南書局《仿宋相臺五經》本。

周易略例一卷

魏王弼撰。《漢魏叢書》本。

關氏易傳一卷

北魏關朗撰。《漢魏叢書》本。《四庫》存目。

周易正義十卷

唐孔穎達撰。明萬曆十四年北監刻《十三經注疏》本。明崇禎四年毛晉汲古閣刻《十三經注疏》本。嘉慶二十年阮元南昌學刻《十三經注疏》本。《四庫》著録。

周易正義十四卷校勘記二卷

唐孔穎達撰。吴興劉氏嘉業堂刊單疏本。

周易集解十七卷

唐李鼎祚撰。《雅雨堂叢書》本。《古經解彙函》本。《四庫》著録。

周易口訣義六卷

唐史徵撰。《古經解彙函》重刻岱南閣本。《四庫》著録。

周易舉正三卷

唐郭京撰。上虞羅氏仿宋刻本。《四庫》著録。

正易心法一卷

宋陳搏撰。清吳省蘭刻《藝海珠塵》本。

易數鈎隱圖三卷附遺論九事一卷

宋劉牧撰。《通志堂經解》本。以九爲《河圖》，以十爲《洛書》。《四庫》著録。

温公易説六卷

宋司馬光撰。道光庚戌錢儀吉刻《經苑》本。《四庫》著録。

横渠易説三卷

宋張載撰。《通志堂經解》本。《四庫》著録。

易學一卷

宋王湜撰。《通志堂經解》本。是圖學。

泰軒易傳六卷

宋李中正撰。同治壬戌伍崇曜刻《粤雅堂叢書》本。

易程傳六卷繫辭精義二卷

宋程子撰。光緒甲申黎庶昌刻《古佚叢書》仿元至正本。《四庫》著録四卷。

周易程傳八卷

宋程子撰。光緒九年江南書局本。

吴園易解九卷

宋張根撰。《經苑》本。《四庫》著録。

周易新講義十卷

宋龔原撰。《粤雅堂叢書》本。

紫巖易傳十卷

宋張浚撰。《通志堂經解》本。第十卷是《讀易雜記》。《四庫》著録。

易小傳六卷

宋沈該撰。《通志堂經解》本。專釋六爻。《四庫》著録。

漢上易傳十一卷卦圖三卷叢説一卷

宋朱震撰。《通志堂經解》本。《四庫》著録。以程傳爲宗，兼采漢魏諸家。

易璇璣二卷

宋吴沆撰。《通志堂經解》本。何義門曰：「汲古閣後得舊本，寫樣付東海。後人竟未曾刻。」《四庫》著録。

原本周易本義十二卷

宋朱子撰。内府仿宋咸淳乙丑吴革大字本。每半頁六行，行十五字。《四庫》著録。

周易傳義十卷附易五贊一卷易圖一卷易説綱領一卷筮儀一卷上下篇義一卷

明正統間司禮監刻本。《程傳》與朱子《本義》合刻。

易學啓蒙四卷

宋朱子撰。清吕留良寶誥堂刻《朱子遺書》本。

郭氏傳家易説十一卷

宋郭雍撰。武英殿聚珍版本。《四庫》著録。

易説四卷

宋趙善譽撰。《守山閣叢書》本。《四庫》著録。

周易義海撮要十二卷

宋李衡删定。《通志堂經解》本。蜀人房審權原撰，衡删之。《四庫》著録。

復齋易説六卷

宋趙彥肅撰。《通志堂經解》本。《四庫》著録。

周易玩辭十六卷

宋項安世撰。《通志堂經解》本。安世，江陵人。《四庫》著録。

誠齋易傳二十卷

宋楊萬里撰。《經苑》本。《四庫》著録。

易圖説三卷

宋吴仁傑撰。《通志堂經解》本。專談揲蓍所用。《四庫》著録。

古周易一卷

宋吕祖謙撰。《通志堂經解》本。係考《周易》篇次。《四庫》著録。

古易音訓二卷

宋吕祖謙撰。光緒庚辰章氏刻《式訓堂叢書》本。朱記榮《槐廬叢書》本。

易傳燈四卷
宋徐總幹撰。《經苑》本。《四庫》著録。

周易裨傳二卷
宋林至撰。《通志堂經解》本。上卷論揲蓍，下卷《外篇》論卦變。《四庫》著録。

童溪易傳三十卷
宋王宗傳撰。《通志堂經解》本。《説卦》以下有經無傳。《四庫》著録。

丙子學易編一卷
宋李心傳撰。《通志堂經解》本。原書十五卷，俞琬節鈔之。《四庫》著録。

易象意言一卷
宋蔡淵撰。《藝海珠塵》本。《四庫》著録。

東谷易翼傳二卷

宋鄭汝諧撰。《通志堂經解》本。以《程傳》爲主。《四庫》著録。

文公易説二十三卷

宋朱鑑撰。《通志堂經解》本。鑑，文公之孫，集《語録》爲之。《四庫》著録。

易學啓蒙小傳一卷附古經傳一卷

宋税與權撰。《通志堂經解》本。《四庫》著録。

水村易鏡一卷

宋林光世撰。《通志堂經解》本。《四庫》存目。

周易輯聞六卷附易雅一卷筮宗一卷

宋趙汝楳撰。《通志堂經解》本。《四庫》著録。

周易傳義附録十四卷

宋董楷撰。《通志堂經解》本。依《程傳》、《朱義》爲之。割《本義》以附《程傳》，自此書始。《四庫》著録。

易學啓蒙通釋二卷

宋胡方平撰。《通志堂經解》本。《四庫》著録。

三易備遺十卷

宋朱元昇撰。《通志堂經解》本。一卷論《河圖》、《洛書》，二卷至四卷言《連山》，五卷至七卷言《歸藏》，八卷至十卷言《周易》。《四庫》著録。

周易集説十三卷

宋俞琰撰。《通志堂經解》本。《經義考》作四十卷，不知何據。《四庫》著録。

易圖通變五卷易筮通變三卷

元雷思齊撰。《通志堂經解》本。《四庫》著録，題宋人，誤。

讀易私言一卷

元許衡撰。《通志堂經解》本。《四庫》著録。

周易本義附録纂注十五卷

元胡一桂撰。《通志堂經解》本。取朱子説附於《本義》下，謂之《附録》；取諸儒説發明《本義》者，謂之《纂注》。《四庫》著録。

易學啓蒙翼傳四卷

元胡一桂撰。《通志堂經解》本。第一卷著古本及諸家本，并歷代授受、傳注、叙録；第三卷著《左傳》及占筮；第四卷曰《外篇》，則焦、京以下諸書也。《四庫》著録。

易纂言十三卷

元吴澄撰。《通志堂經解》本。《四庫》著録十卷。

易纂言外翼八卷

元吴澄撰。胡思敬刻《豫章叢書》本。《四庫》著録。

讀易考原一卷

元蕭漢中撰。《豫章叢書》本。《四庫》著録。

易學變通六卷

元曾貫撰。《豫章叢書》本。《四庫》著録。

易學濫觴一卷

元黄澤撰。《經苑》本。咸豐三年錢名培刻《小萬卷樓叢書》本。咸豐丙辰蔣光煦刻《涉聞梓舊》本。《四庫》著録。

大易輯説十卷

元王申子撰。《通志堂經解》本。《四庫》著録。

周易本義通釋十二卷

元胡炳文撰。《通志堂經解》本。《四庫》著録。

周易本義集成十二卷

元熊良輔撰。《通志堂經解》本。《四庫》著録。

易象圖説六卷

元張理撰。《通志堂經解》本。

大易象數鈎深圖三卷

元張理撰。《通志堂經解》本。《四庫》著録。

學易記九卷

元李簡撰。《通志堂經解》本。采《子夏易傳》以下六十四家之説，仿李鼎祚《集解》例也。《四庫》著録。

周易集傳八卷

元龍仁夫撰。道光丁酉蔣光煦刻《别下齋叢書》本。《四庫》著録。

周易會通十四卷

元董真卿撰。《通志堂經解》本。前有《姓氏因革》一卷，足資考据。《四庫》著録。

周易參義十二卷

元梁寅撰。《通志堂經解》本。《四庫》著録。

玩易意見二卷

明王恕撰。道光丙午李錫齡刻《惜陰軒叢書》本。《四庫》存目。

周易通略一卷

明黄俊撰。《豫章叢書》本。

學易記五卷

明金賁亨撰。《惜陰軒叢書》本。

伏羲圖贊二卷

明陳第撰。明刻《一齋全集》本。

周易贊義七卷

明馬理撰。嘉靖丙辰鄭絅刻本。《四庫》存目。

易領四卷

明郝敬撰。清光緒辛卯趙尚輔刻《湖北叢書》本。《四庫》存目。

易問箋一卷

明舒芬撰。明萬曆甲戌漆彬刻《梓溪内外集》本。《四庫》存目。

大象義述一卷

明王畿撰。明萬曆乙卯張汝霖校刻《龍谿全集》本。

易象鈎解四卷

明陳士元撰。明嘉靖辛亥刻《歸雲别集》本。清道光癸巳吴毓梅重刻《歸雲别集》本。

《守山閣叢書》本。《四庫》著録。

易象彙解二卷

明陳士元撰。《歸雲别集》本。

易經增注十卷考一卷

明張鏡心撰。王灝刻《畿輔叢書》本。《四庫》存目。

周易爻物當名二卷

明黎遂球撰。伍氏刻《嶺南遺書》本。《四庫》存目。

易經家訓六卷

明王納諫撰。明萬曆乙卯刻本。

券易苞十二卷

明章世純撰。《豫章叢書》本。

兒易内儀以六卷

明倪元璐撰。清光緒乙亥伍紹棠續刻《粤雅堂叢書》本。《四庫》著録。

兒易外儀十五卷

明倪元璐撰。清咸豐辛酉伍崇曜刻《粤雅堂叢書》本。《四庫》著録。

清風易注四卷

明魏閥撰。清光緒壬辰漢川劉洪烈校刊本。

周易折中二十二卷

清康熙五十四年李光地等奉敕撰。武英殿本。清光緒癸巳湖南漱芳閣重校本。

易經通注四卷

清傅以漸撰。《湖北叢書》本。《四庫》著録。

周易稗疏四卷附考異一卷

清王夫之撰。清同治四年曾國藩刻《船山遺書》本。《四庫》著録。

周易内傳六卷發例一卷

清王夫之撰。《船山遺書》本。

周易大象解一卷

清王夫之撰。《船山遺書》本。

周易考異一卷

清王夫之撰。《船山遺書》本。

周易外傳七卷

清王夫之撰。《船山遺書》本。

田間易學五卷

清錢秉鐙撰。斠雉堂刻本。《四庫》著録十二卷。

易經觸義七卷

清賀貽孫撰。咸豐二年家刻本。

易音三卷

清顧炎武撰。康熙六年自刻《音學五書》本。

仲氏易三十卷

清毛奇齡撰。康熙庚子家刻《西河全集》本。道光九年阮元刻《學海堂經解》本。雍正四年張文炳刻本。《四庫》著録。

推易始末四卷

清毛奇齡撰。《西河全集》本。《四庫》著録。

春秋占筮書三卷

清毛奇齡撰。《西河全集》本。《四庫》著録。

易小帖五卷

清毛奇齡撰。《西河全集》本。《四庫》著録。

太極圖説遺議一卷

清毛奇齡撰。《西河全集》本。

河圖洛書原舛編一卷

清毛奇齡撰。《西河全集》本。《四庫》存目。

易圖明辨十卷

清胡渭撰。《粤雅堂叢書》本。《四庫》著録。

合訂删補大易集義粹言八十卷

清喇蘭成德撰。《通志堂經解》本。《大易集義》宋陳友文撰，《大易粹言》宋方聞一撰，合兩人書合編。《四庫》著録。

易説六卷

清惠士奇撰。《學海堂經解》本。《四庫》著録。

周易述十九卷

清惠棟撰。雅雨堂刻本。《學海堂經解》本。《四庫》著録二十三卷。

易漢學八卷

清惠棟撰。畢沅刻《經訓堂叢書》本。《四庫》著録。

易例二卷

清惠棟撰。乾隆己酉李文藻刻《貸園叢書》本。《四庫》著録。

周易本義辨證五卷

清惠棟撰。蔣光弼省吾堂彙刻《經學五種》本。

周易述補四卷

清江藩撰。雅雨堂本。《學海堂經解》本。

周易本義爻徵二卷

清吴曰慎撰。《惜陰軒叢書》本。

周易考占一卷

清金榜撰。清光緒庚寅徐乃昌刻《積學齋叢書》本。

讀易别録三卷

清全祖望撰。鮑廷博刻《知不足齋叢書》本。

易經揆一十四卷易學啓蒙補二卷

清梁錫璵撰。清乾隆間梁氏家刻本。

易卦圖説一卷

清崔述撰。清道光四年陳履和刻《東壁遺書》本。

易説十卷易説便録一卷

清郝懿行撰。光緒八年懿行孫聯薇刻《郝氏遺書》本。

學易討源一卷

清姚文田撰。《邃雅堂學古録》本。

孫氏周易集解十卷

清孫星衍撰。《粤雅堂叢書》本。

觀象居易傳箋十二卷

清汪師韓撰。《叢睦汪氏遺書》本。

易章句十二卷

清焦循撰。道光丙戌自刻《雕菰樓叢書》本。《學海堂經解》本。

易圖略八卷

清焦循撰。《雕菰樓叢書》本。《學海堂經解》本。

易通釋二十卷

清焦循撰。《雕菰樓叢書》本。《學海堂經解》本。

易話二卷

清焦循撰。《雕菰樓叢書》本。

易廣記三卷

清焦循撰。《雕菰樓叢書》本。

周易補疏二卷

清焦循撰。《雕菰樓叢書》本。《學海堂經解》本。

周易虞氏義九卷虞氏消息二卷虞氏易禮二卷易事二卷易言二卷易候一卷

清張惠言撰。《學海堂經解》本。《易禮》、《易言》、《易事》、《易候》，道光閩刻本。

易緯略義三卷

清張惠言撰。嘉慶十九年惠言子成孫刻本，并入《茗柯全集》。

周易鄭氏義三卷

清張惠言撰。道光元年康紹鏞刻本，并入《茗柯全集》。

周易荀氏九家義三卷

清張惠言撰。《茗柯全集》本。《學海堂經解》本。

易圖條辨一卷

清張惠言撰。《茗柯全集》本。《學海堂經解》本。

易義别録十四卷

清張惠言撰。《茗柯全集》本。《學海堂經解》本。

周易鄭荀義三卷

清張惠言撰。《茗柯全集》本。

周易集解纂疏十卷

清李道平撰。《湖北叢書》本。

易筮遺占一卷

清李道平撰。《湖北叢書》本。

易象通義六卷

清秦篤輝撰。《湖北叢書》本。

讀易傳心十二卷

清韓怡撰。嘉慶戊辰自刻本。

李氏易解賸義一卷

清李富孫撰。嘉慶四年顧修《讀畫齋叢書》本。《槐廬叢書》本。

易經異文釋六卷

清李富孫撰。南菁書院刻《經解續編》本。

虞氏易變表一卷

清江承之撰。道光十二年刊本。

周易諸卦合象考一卷互體卦變考一卷

清任雲倬撰。光緒癸巳徐乃昌刻《鄦齋叢書》本。

周易姚氏學十六卷周易通論月令二卷

清姚配中撰。《經解續編》本。武昌局本。

周易述補五卷

清李松林撰。《經解續編》本。

卦氣解一卷

清宋翔鳳撰。自刻《浮溪精舍叢書》本，無年月。

周易考異二卷

清宋翔鳳撰。《經解續編》本。

虞氏消息圖説一卷

清胡祥麟撰。同治十一年潘祖蔭刻《滂喜齋叢書》本。《經解續編》本。

彖傳論一卷彖象論二卷繫詞傳論二卷八卦觀象解一卷卦氣解一卷

清莊存與撰。武進莊氏家刻《味經齋遺書》本。

卦本圖考一卷

清胡秉虔撰。《滂喜齋叢書》本。《學海堂經解》本。

周易虞氏略例一卷

清李鋭撰。《經解續編》本。

周易述傳二卷
清丁晏撰。同治元年自刻《頤志齋叢書》本。
周易訟卦淺説一卷
清丁晏撰。《頤志齋叢書》本。
周易解故一卷
清丁晏撰。粤東刻《廣雅叢書》本。
周易象類一卷
清丁晏撰。《鄦齋叢書》本。
周易爻辰申鄭義一卷
清何秋濤撰。《經解續編》本。《一燈精舍甲部稿》本。
周易釋十二卷

清鍾晉撰。光緒三年永康胡氏退補齋刻本。

周易舊疏考證一卷

清劉毓崧撰。《經解續編》本。

讀易漢學私記一卷

清陳壽熊撰。《經解續編》本。

易説二卷

清陳壽熊撰。《南菁書院叢書》本。

方氏易學五書五卷

清方申撰。《南菁書院叢書》本。

易例輯略一卷

清龐大堃撰。《南菁書院叢書》本。

周易本義注六卷

清胡方撰。《嶺南遺書》本。

周易略辭八卷

清馮經撰。《嶺南遺書》本。

重訂周易二閭記三卷

清茹敦和撰。李慈銘重訂《紹興先正遺書》本。

重訂周易小義二卷

清茹敦和撰。《紹興先正遺書》本。

易説二卷

清吴汝綸撰。光緒甲辰吴氏刻本。

周易互體徵一卷

清俞樾撰。《經解續編》本。《俞氏叢書》本。

易貫五卷玩易篇一卷

清俞樾撰。《第一樓叢書》本。

艮宧易説一卷邵易補原一卷

清俞樾撰。《曲園雜纂》本。

易窮通變化論一卷八卦方位説一卷卦气直日考一卷卦气續考一卷

清俞樾撰。《俞樓雜纂》本。

五峯山房易學十卷

清武鈺撰。自刻本。

周易費氏學八卷敘録一卷

清馬其昶撰。集虛草堂本。

右經部易類一百八十六種，一千二百二十九卷，重者不計。

經部二

書類

隸古定尚書卷第五殘本二卷

漢孔安國傳。羅振玉影唐卷子本。

尚書大傳四卷補遺一卷

漢伏生撰，鄭玄注。《雅雨堂叢書》本。《四庫》著録。

書經傳十三卷

舊題漢孔安國撰。武英殿仿宋《相臺五經》本。江南書局仿宋《相臺五經》本。

尚書注九卷

漢鄭玄撰，清袁鈞輯。浙江局刻《鄭氏遺書》本。

尚書中候注五卷

漢鄭玄撰。《學津》輯本。

尚書正義二十卷

唐孔穎達撰。日本弘化丁未仿宋刻單疏本。

尚書注疏二十卷

唐孔穎達撰。崇禎五年汲古閣刻本。嘉慶二十年南昌府學刻本。《四庫》著録。

尚書釋音一卷

唐陸德明撰。《古逸叢書》仿刻蜀大字本。

尚書全解四十卷

宋林之奇撰。《通志堂經解》本。朱子頗稱此書。《四庫》著録。

書古文訓十六卷

宋薛季宣撰。《通志堂經解》本，純以古字寫之。《四庫》存目。

鄭敷文書説一卷

宋鄭伯熊撰。《經苑》本。《藝海珠塵》本。李調元刻《函海》本。《四庫》著録。

禹貢指南四卷

宋毛晃撰。武英殿聚珍版本。《四庫》著録。

禹貢論五卷後論一卷山川地理圖二卷

宋程大昌撰。《通志堂經解》本。原無圖，於《永樂大典》鈔補。《四庫》著録。

夏氏尚書詳解二十六卷

宋夏僎撰。武英殿聚珍版本。

禹貢説斷四卷

宋傅寅撰。武英殿聚珍版本。《經苑》本。《通志堂經解》本二卷，改名《禹貢集解》。《守山閣叢書》本。《四庫》著録。

增修東萊書説三十五卷

宋吕祖謙撰，門人時瀾增修。《通志堂經解》本。《四庫》著録。

尚書説七卷

宋黄度撰。《通志堂經解》本。何焯曰：「明書帕本。」《四庫》著録。

書疑九卷

宋王柏撰。《通志堂經解》本，多更易經文。《四庫》存目。

書集傳六卷

宋蔡沈撰。明正統十二年司禮監刻本。《四庫》著録。

書傳音釋六卷書序一卷

宋蔡沈撰，鄒季友音釋。吴棠望三益齋刻本。

尚書精義五十卷

宋黄倫撰。《經苑》本。

陳氏尚書詳解五十卷

宋陳經撰。武英殿聚珍版本。《四庫》著録。

融堂書解二十卷

宋錢時撰。武英殿聚珍版本。《四庫》著録。

洪範統一一卷

宋趙善湘撰。《經苑》本。《藝海珠塵》本。《函海》本。《四庫》著録。

尚書要義十七卷序説一卷

宋魏了翁撰。江蘇書局刻本。《四庫》著録。

尚書集傳或問二卷

宋陳大猷撰。《通志堂經解》本。宋有兩陳大猷，一都昌人，號東齋，即陳澔之父；一東陽人。張雲章以《或問》是東陽之書，翁覃溪以爲是都昌之書。《四庫》著録。

初學尚書詳解十三卷

宋胡士行撰。《通志堂經解》本。杭大宗《道古堂文集》有跋。《四庫》著録。

尚書注十二卷

宋金履祥撰。陸心源刻《十萬卷樓叢書》本。

尚書表注二卷

宋金履祥撰。《通志堂經解》本。《四庫》著録。

書纂言四卷

元吴澄撰。《通志堂經解》本。其序目即《古今文考》。《四庫》著録。

尚書集傳纂疏六卷

元陳櫟撰。《通志堂經解》本。《四庫》著録。

尚書蔡傳輯纂注六卷

元董鼎撰。《通志堂經解》本。《四庫》著録。

尚書通考十卷

元黄鎮成撰。《通志堂經解》本。《四庫》著録。

尚書蔡傳旁通六卷

元陳師凱撰。《通志堂經解》本。不録經文，但摘《蔡傳》加以疏釋，足資考据。《四庫》著録。

讀書管見二卷

元王充耘撰。《通志堂經解》本。摘取經語説之。《四庫》著録。

書義主意六卷

元王充耘撰。《粤雅堂叢書》本。

羣英書義二卷

元張泰撰。《粤雅堂叢書》本。

尚書纂傳四十六卷

元王天與撰。《通志堂經解》本。《四庫》著録。

定正洪範集説一卷

元胡一中撰。《通志堂經解》本。於《九疇》分《大禹之經》、《箕子之傳》。以「斂時五福」至「民用僭忒」爲「九、五福六極」之傳，以「王省惟歲」至「則以風雨」爲「三、八政」、「四、五紀」之傳。《四庫》存目。

尚書句解十三卷

元朱祖義撰。《通志堂經解》本。《四庫》著録。

書傳會選六卷

明劉三吾等奉勅撰。明味經堂刻本。《四庫》著録。

尚書考異六卷

明梅鷟撰。孫星衍刻《平津館叢書》本。《四庫》著録。

書經大全十卷

明胡廣等奉勅撰。明内府刻本。《四庫》著録。

尚書日記十六卷

明王樵撰。明萬曆壬午刻本。《四庫》著録。

尚書注考一卷

明陳泰交撰。潘仕誠刻《海山仙館叢書》本。《四庫》著録。

尚書疏衍四卷

明陳第撰。明刻《一齋全集》本。《四庫》著録。

尚書辨解十卷

明郝敬撰。《湖北叢書》本。《四庫》存目。

洪範明義四卷

明黄道周撰。《石齋九種》本。《四庫》著録。

書經傳説纂彙二十四卷

雍正八年王頊齡等奉勅撰。武英殿刻本。《四庫》著録。

書經稗疏四卷

清王夫之撰。《船山遺書》本。《四庫》著録。

尚書引義六卷

清王夫之撰。《船山遺書》本。《四庫》存目。

古文尚書疏證八卷
清閻若璩撰。乾隆乙丑眷西堂刻本。《經解續編》本。《四庫》著録。

古文尚書冤詞八卷
清毛奇齡撰。《西河全集》本。《四庫》著録。

尚書廣聽録五卷
清毛奇齡撰。《西河全集》本。《四庫》著録。

舜典補亡一卷
清毛奇齡撰。《西河全集》本。《藝海珠塵》本。《四庫》存目。

古文尚書考一卷
清陸隴其撰。顧沅刻《賜硯堂叢書》本。《四庫》存目。

禹貢錐指二十卷圖一卷

清胡渭撰。《學海堂經解》本。《四庫》著録。

尚書七篇解義一卷

清李光地撰。李氏家刻《榕村全書》本。

洪範説一卷

清李光地撰。《榕村全書》本。

禹貢譜一卷

清王澍撰。康熙四十六年刻本。

尚書地理今釋一卷

清蔣廷錫撰。《學海堂經解》本。《四庫》著録。

禹貢會箋十二卷

清徐文靖撰。當塗徐氏家刻《位山六種》本。

尚書小疏一卷

清沈彤撰。吴江沈氏家刻《果堂全書》本。《學海堂經解》本。

晚書訂疑三卷

清程廷祚撰。《經解續編》本。

尚書馬鄭注十卷

清孫星衍撰。自刻《岱南閣叢書》本。

尚書今古文注疏三十卷

清孫星衍撰。《平津館叢書》本。《學海堂經解》本。

尚書既見三卷

清莊存與撰。《味經齋遺書》本。

尚書説一卷

清莊存與撰。《味經齋遺書》本。

尚書後案三十卷

清王鳴盛撰。《學海堂經解》本。

尚書釋天六卷

清盛百二撰。《學海堂經解》本。

禹貢鄭注釋二卷

清焦循撰。《雕菰樓叢書》本。《經解續編》本。

尚書補疏二卷

清焦循撰。《雕菰樓叢書》本。《學海堂經解》本。

尚書辨僞二卷

清崔述撰。《東壁遺書》本。

禹貢三江攷三卷水地小記一卷

清程瑶田撰。嘉慶八年刻《通藝録》本。《學海堂經解》本。

書説一卷

清郝懿行撰。《郝氏遺書》本。

書序述聞一卷

清劉逢禄撰。《經解續編》本。

尚書今古文集解三十一卷

清劉逢禄撰。《經解續編》本。

尚書略説二卷

清宋翔鳳撰。《經解續編》本。

尚書譜一卷

清宋翔鳳撰。《經解續編》本。

禹貢集釋三卷附蔡傳正誤一卷錐指正誤一卷

清丁晏撰。《頤志齋叢書》本。《經解續編》本。

尚書餘論一卷

清丁晏撰。《頤志齋叢書》本。《經解續編》本。《槐廬叢書》本。

古文尚書撰異三十三卷

清段玉裁撰。金壇段氏家刻《經韻樓叢書》本。《學海堂經解》本。

古文尚書考二卷

清惠棟撰。《省吾堂經學四種》本。《學海堂經解》本。

尚書集注音疏十二卷尚書經師系表一卷

清江聲撰。自書篆文刻本。《學海堂經解》本。

十二章圖説二卷

清惲敬撰。歸安姚氏刻《咫進齋叢書》本。

尚書札記四卷

清許鴻磐撰。《學海堂經解》本。

尚書伸孔篇一卷

清焦廷琥撰。《積學齋叢書》本。廣雅書局刻本。

尚書顧命解一卷

清孫希旦撰。瑞安孫氏刻《永嘉叢書》本。

禹貢正字一卷

清王筠撰。自著《鄂宰四種》本。

尚書序録一卷

清胡秉虔撰。《滂喜齋叢書》本。

書古微十二卷

清魏源撰。淮南書局刻本。《經解續編》本。

太誓答問一卷

清龔自珍撰。《滂喜齋叢書》本。光緒十年順德馮兆年刻《翠琅玕館叢書》本。《經解續編》本。

書異文釋八卷

清李富孫撰。自著《校經廎全書》本。

尚書舊疏考證一卷

清劉毓崧撰。《經解續編》本。

尚書今古文攷證七卷

清莊述祖撰。自著《珍藝宧叢書》本。

尚書校逸二卷尚書記七卷

清莊述祖撰。繆荃孫刻《雲自在龕叢書》本。

今文尚書經説攷三十二卷

清陳壽祺撰。《陳氏遺書》本。

尚書歐陽夏侯遺説攷一卷

清陳喬樅撰。《陳氏遺書》本。《經解續編》本。

洪範五行傳二卷

漢劉向撰。清王謨輯。《漢魏遺書》本。

古文尚書辨八卷

清謝廷蘭撰。光緒壬辰繆鼎臣刻本。

古文尚書私議三卷
清張崇蘭撰。光緒壬午陳克劬刻本。

古文尚書辨惑十八卷
清洪良品撰。崇雅堂傳鈔本。

古文尚書釋難二卷
清洪良品撰。崇雅堂傳鈔本。

古文尚書析疑一卷
清洪良品撰。崇雅堂傳鈔本。

古文尚書商是一卷
清洪良品撰。崇雅堂傳鈔本。

古文尚書正辭三十三卷

清吴光耀撰。自刻本。

胡氏禹貢圖攷正一卷

清陳澧撰。自刻《東塾叢書》本。《經解續編》本。

禹貢鄭注略例一卷

清何秋濤撰。《一鐙精舍甲部藁》本。《經解續編》本。

禹貢班義述三卷

清成蓉鏡撰。《經解續編》本。

尚書歷譜二卷

清成蓉鏡撰。《經解續編》本。

尚書孔傳參正三十六卷

清王先謙撰。自刻本。

禹貢本義一卷

清楊守敬撰。自刻本。

尚書箋三十卷

清王闓運撰。《湘綺樓全書》本。

尚書大傳補注七卷

清王闓運撰。《湘綺樓全書》本。

今文尚書疏證三十卷

清皮錫瑞撰。《皮氏叢書》本。

書説通論一卷

清皮錫瑞撰。《皮氏叢書》本。

古文尚書冤詞平議二卷

清皮錫瑞撰。《皮氏叢書》本。

虞書命羲和章解一卷

清曾釗撰。《嶺南遺書》本。

書經圖説五十卷

清光緒二十九年孫家鼐等奉敕撰。石印本。

尚書故三卷

清吴汝綸撰。光緒甲辰吴氏家刻本。

達齋書説一卷

清俞樾撰。《曲園雜纂》本。

禹貢説一卷

清倪文蔚撰。《經解續編》本。

尚書大傳定本三卷

清陳壽祺校注。《陳氏遺書》本。《古經解彙函》本。

尚書大傳校輯三卷

清陳壽祺撰。《經解續編》本。

右經部書類一百二十五種，一千一百五十九卷，重者不計。

經部三

詩類

詩序二卷

舊題端木子貢撰。漢申公培説，附宋朱子辨。明毛晉刻《津逮秘書》本。王謨《漢魏叢書》本。《四庫》著録。

毛詩傳箋殘本三卷

光緒乙未陳矩仿唐寫本。

毛詩傳箋三十卷

漢毛亨傳，鄭玄箋。武英殿仿宋岳珂《五經》本。江南書局仿宋岳珂《五經》本。又金陵刻本二十卷，《詩譜》一卷，《音義》三卷。

毛詩傳箋三十卷詩譜一卷音義三卷

漢毛亨傳，鄭玄箋。周孝垓刻本。

毛詩正義四十卷

漢毛亨傳，鄭玄箋，唐孔穎達疏。毛氏汲古閣刻本。嘉慶二十年南昌府學刻本。《四庫》著録。

詩譜三卷

漢鄭玄撰，清袁鈞輯。浙江局刻《鄭氏佚書》本。

毛詩草木鳥獸蟲魚疏二卷

吴陸璣撰。《津逮秘書》本。《頤志齋叢書》本。《古經解彙函》本。《四庫》著録。

毛詩陸疏校正二卷

清丁晏撰。《頤志齋叢書》本。

毛詩陸璣疏考證一卷

清焦循撰。《南菁書院叢書》本。

毛詩陸疏廣要二卷

明毛晉撰。《津逮秘書》本。《四庫》著録。

毛詩指説一卷

唐成伯璵撰。《通志堂經解》本。凡四篇。其《傳受》一篇，足資考据。《四庫》著録。

毛詩本義十六卷

宋歐陽修撰。《通志堂經解》本。《本義》十五卷多規毛、鄭，末一卷補鄭氏《詩譜》。《四庫》著録。

詩譜補亡一卷

宋歐陽修撰。《拜經樓叢書》本。章氏式訓堂刻本。

毛詩名物解二十卷

宋蔡卞撰。《通志堂經解》本。多用王氏《字説》。《四庫》著録。

詩説一卷

宋張耒撰。《通志堂經解》本。《藝海珠塵》本。僅十二條，從《宛邱集》抄出。《四庫》存目。

毛詩集解四十二卷

宋李樗、黄櫄同撰。《通志堂經解》本。

逸齋詩補傳三十卷

宋范處義撰。《通志堂經解》本。題曰「逸齋」，不著姓名。朱氏《經義考》定爲范處義。第三十卷《廣詁》足備查核。《四庫》著録。

詩疑二卷

宋王柏撰。《通志堂經解》本。《藝海珠塵》本。多改易經文，與《書疑》同。《四庫》存目。

非詩辨妄一卷

宋周孚撰。《涉聞梓舊》本。

詩論一卷

宋程大昌撰。《藝海珠塵》本。《四庫》存目。

詩總聞二十卷

宋王質撰。《經苑》本。《四庫》著録。

詩序辨一卷

宋朱子撰。明刻本。

詩集傳八卷

宋朱子撰。明刻本。《四庫》著録。

詩集傳二十卷詩序一卷詩傳綱領一卷詩圖一卷

宋朱子撰。明司禮監刻本。

吕氏家塾讀詩記三十卷

宋吕祖謙撰。嘉慶辛未聽彝堂刻本。《經苑》本。《四庫》著録。

續吕氏家塾讀詩記三卷

宋戴溪撰。《經苑》本。《四庫》著録。

絜齋毛詩經筵講義四卷

宋袁燮撰。武英殿聚珍板本。《四庫》著録。

詩義指南一卷

宋段昌武撰。《知不足齋叢書》本。

詩緝三十六卷

宋嚴粲撰。明趙王府居敬堂刻本。明味經堂本。嘉慶庚午聽彝堂覆刻味經堂本。光緒庚寅仁壽館覆味經堂本。《四庫》著録。

文公詩傳遺説六卷

宋朱鑑編。《通志堂經解》本。集《語類》爲之。《四庫》著録。

詩辨説一卷

宋趙悳撰。道光間海甯蔣氏刻《别下齋叢書》本。《槐廬叢書》本。

詩傳注疏三卷

宋謝枋得撰。乾隆乙巳《知不足齋叢書》本。

詩考一卷

宋王應麟撰。《津逮秘書》本。康刻《玉海》附刻本。《四庫》著録。

詩地理考六卷

宋王應麟撰。《津逮秘書》本。康刻《玉海》附刻本。《四庫》著録。

詩集傳名物鈔八卷

元許謙撰。《通志堂經解》本。雖汎掃毛、鄭，頗資考据。《四庫》著録。

詩傳旁通十五卷

元梁益撰。光緒丁酉盛宣懷刻《常州先哲遺書》本。《四庫》著録。

詩經疑問七卷

元朱倬撰。《通志堂經解》本。《四庫》著録。

毛詩解頤四卷

明朱善撰。《通志堂經解》本。

詩集傳大全二十卷

明永樂中胡廣等奉勅撰。高麗刻本。明經廠本。《四庫》著録。

毛詩原解三十六卷

明郝敬撰。《湖北叢書》本。《四庫》存目。

詩故十卷

明朱謀㙔撰。《畿輔叢書》本。《四庫》著録。

詩傳名物集覽十二卷

清陳大章撰。《湖北叢書》本。《四庫》著録。

詩經傳説彙纂二十卷序二卷

雍正五年王鴻緒等奉勅撰。武英殿刻本。《四庫》著録。

詩經稗疏四卷

清王夫之撰。《船山遺書》本。《四庫》著録。

詩經考異一卷

清王夫之撰。《船山遺書》本。

叶韵辨一卷

清王夫之撰。《船山遺書》本。

詩廣傳五卷

清王夫之撰。《船山遺書》本。

詩觸六卷

清賀貽孫撰。咸豐二年六世孫鳴盛刻本。

田間詩學四卷

清錢秉鐙撰。斟雉堂刻本。《四庫》著録十二卷。

毛詩稽古編三十卷

清陳啟源撰。嘉慶十八年龐佑清刻本。《學海堂經解》本。《四庫》著録。

詩所八卷

清李光地撰。《榕村全書》本。《四庫》著録。

毛詩寫官記四卷

清毛奇齡撰。《西河全集》本。《四庫》著録。

詩札二卷

清毛奇齡撰。《西河全集》本。《四庫》著録。

詩傳詩説駁義五卷

清毛奇齡撰。《西河全集》本。《四庫》著録。

續詩傳鳥名三卷

清毛奇齡撰。《西河全集》本。《經解續編》本。《四庫》著録。

白鷺洲主客説詩一卷

清毛奇齡撰。《西河全集》本。《經解續編》本。《四庫》著録。

國風省編一卷

清毛奇齡撰。《西河全集》本。《四庫》存目。

詩説三卷

清惠周惕撰。《學海堂經解》本。《四庫》著録。

詩經通論十八卷

清姚際恆撰。道光丁酉王篤刻本。

虞東學詩十二卷
清顧鎮撰。乾隆戊子誦芬堂刻本。《四庫》著録。

詩序辨正九卷
清汪大任撰。《叢睦汪氏遺書》本。

毛詩傳疏三十卷
清陳奐撰。道光丙午自刻本。《經解續編》本。

釋毛詩音四卷
清陳奐撰。自刻本。《經解續編》本。

毛詩義類一卷
清陳奐撰。自刻本。《經解續編》本。

鄭箋攷徵一卷

清陳奐撰。自刻本。《經解續編》本。

毛詩説一卷

清陳奐撰。自刻本。《經解續編》本。

詩九穀釋義一卷

清陳奐撰。鄧寅風雨樓活字排印本。

毛詩傳箋通釋三十二卷

清馬瑞辰撰。《經解續編》本。廣雅書局刊本。

詩經小學四卷

清段玉裁撰。《經韵樓全書》本。《學海堂經解》本。

毛詩後箋三十卷

清胡承珙撰。《經解續編》本。

毛詩考證四卷

清莊述祖撰。《經解續編》本。

周頌口義三卷

清莊述祖撰。《經解續編》本。

毛鄭詩考正四卷

清戴震撰。乾隆丁酉孔繼涵刻《戴氏遺書》本。《學海堂經解》本。

某溪詩經補注二卷

清戴震撰。《戴氏遺書》本。《學海堂經解》本。

毛詩故訓傳三十卷

清段玉裁撰。《經韵樓全書》本。《學海堂經解》本。

毛詩補疏五卷

清焦循撰。道光丙戌《雕菰樓叢書》本。《學海堂經解》本。

毛詩地理釋四卷

清焦循撰。《雕菰樓叢書》本。

毛詩名物圖説九卷

清徐鼎撰。乾隆辛卯家刻本。

詩坿記四卷

清翁方綱撰。《畿輔叢書》本。

詩聲類十二卷分例一卷

清孔廣森撰。嘉慶丁丑家刻《顨軒所著書》本。《經解續編》本。

毛詩説四卷

清莊存與撰。《味經齋遺書》本。

詩地理徵七卷

清朱右曾撰。《經解續編》本。

毛詩紬義二十四卷

清李黼平撰。《學海堂經解》本。

詩經拾遺一卷

清郝懿行撰。《郝氏遺書》本。

詩説二卷

清郝懿行撰。光緒八年懿行孫聯薇刻《遺書》本。

詩問七卷

清郝懿行撰。光緒八年懿行孫聯薇刻《遺書》本。

毛詩天文考一卷

清洪亮吉撰。廣雅書局本。

毛詩鄭箋改字説四卷

清陳喬樅撰。道光刻同治元年彙印《遺書》本。《經解續編》本。

詩禮徵文十卷

清包世榮撰。道光七年家刻本。

詩氏族考六卷

清李超孫撰。道光丁酉《别下齋叢書》本。《翠琅玕館叢書》本。

詩經異文釋十六卷

清李富孫撰。《經解續編》本。

邶風説二卷

清龔景瀚撰。《澹静齋全集》本。

毛鄭詩釋四卷

清丁晏撰。咸豐壬子楊以增刻《詩禮七編》本，并入《頤志齋叢書》。

詩集傳附釋一卷

清丁晏撰。廣雅書局本。

鄭氏詩譜考正一卷

清丁晏撰。楊刻《詩禮七編》本。《經解續編》本。《頤志齋叢書》本。邵武《徐氏叢書》本。

詩攷補注二卷補遺一卷

清丁晏撰。楊刻《詩禮七編》本。《經解續編》本。《頤志齋叢書》本。

詩本誼一卷

清龔橙撰。光緒己丑譚獻刻《半厂叢書》本。

詩古微二卷

清魏源撰。修吉堂刻本，無年月。此初刻本。

詩古微二十卷

清魏源撰。光緒丁亥梁溪浦氏刻本，此三次刻，足本。《經解續編》本。道光庚子刻本。

毛詩識小三十卷

清林柏桐撰。道光甲辰自刻《修本堂叢書》本。《嶺南遺書》本。

毛詩通考三十卷

清林柏桐撰。《修本堂叢書》本。《嶺南遺書》本。

毛詩韻訂十卷

清苗夔撰。咸豐辛亥自刻本。

毛詩重言一卷毛詩雙聲疊韻說一卷

清王筠撰。《式訓堂叢書》本。《鄂宰四種》本。

讀詩劄記八卷

清夏炘撰。咸豐乙卯刻《景紫堂全集》本。

詩章句考一卷

清夏炘撰。《景紫堂全集》本。

詩經二十部古音表二卷

清夏炘撰。《景紫堂全集》本。

詩樂存亡譜一卷

清夏炘撰。《景紫堂全集》本。

朱子集傳校勘記一卷

清夏炘撰。《景紫堂全集》本。

讀詩日録一卷

清陳澧撰。《古學彙刊》本。

詩經補箋二十卷

清王闓運撰。東洲講舍刻本。

詩名物證古一卷

清俞樾撰。《經解續編》本。《俞氏叢書》本。

達齋詩説一卷荀子詩説一卷

清俞樾撰。《曲園雜纂》本。

毛詩譜一卷

清胡元儀撰。《經解續編》本。

毛詩異文箋十卷

清陳玉樹撰。《南菁書院叢書》本。

毛詩學三十卷

清馬其昶撰。活字印本。

以上詩類毛詩之屬

魯詩故三卷

清馬國翰輯。《玉函山房叢書》本。

齊詩傳二卷

清馬國翰輯。《玉函山房叢書》本。

韓詩故二卷韓詩内傳一卷韓詩説一卷

漢韓嬰撰，馬國翰輯。《玉函山房叢書》本。

韓詩薛君章句二卷

漢薛漢撰，馬國翰輯。《玉函山房叢書》本。

韓詩外傳十卷

漢韓嬰撰。《津逮秘書》本。光緒乙亥望三益齋合刻周廷寀、趙懷玉校本。《古經解彙函》重刻周廷寀校本，附《拾遺》一卷。湖北局本。《漢魏叢書》本。《四庫》著録。

韓詩外傳校注十卷補遺一卷校注拾遺一卷

清周廷寀撰。《畿輔叢書》本。

韓詩遺説二卷訂僞一卷

清臧庸撰。光緒間趙之謙刻《仰視千七百二十九鶴齋叢書》本。

韓詩内傳徵四卷叙録一卷

清宋緜初撰。光緒庚寅《積學齋叢書》本。

三家詩攷一卷

宋王應麟撰。《津逮秘書》本。康刻《玉海》附刻本。

三家詩拾遺十卷

清范家相撰。《嶺南遺書》本。錢熙祚刻《守山閣叢書》本。《四庫》著録。

三家詩補遺三卷

清阮元撰。葉德輝刻《觀古堂叢書》本。

三家詩異文疏證六卷補遺三卷

清馮登府撰。《學海堂經解》本。

三家詩遺説攷十五卷

清陳壽祺撰。《經解續編》本。

四家詩異文攷五卷

清陳喬樅撰。《經解續編》本。

齊詩翼氏學疏證二卷

清陳喬樅撰。同治元年彙印《遺書》本。《經解續編》本。

齊時翼氏學四卷

清迮鶴壽撰。《經解續編》本。

以上詩類三家詩之屬

右經部詩類一百三十一種，一千一百四十六卷，重者不計。

經部四

禮類

周禮注十二卷札記一卷

漢鄭玄注。黄丕烈士禮居仿明嘉靖刻本。湖北局覆刻黄本。

周禮注六卷

漢鄭玄撰，隋陸德明釋文。嘉慶十一年張青選清芬閣重刻福禮堂本。

周禮注疏四十二卷

漢鄭玄注，唐賈公彦疏。明萬曆二十一年北監刻本。明崇禎元年汲古閣刻本。嘉慶二十年南昌府學刻本。《四庫》著録。

考工記注二卷

唐杜牧注。光緒丁亥董金鑑重印《琳瑯秘室叢書》本。此僞託之書，不足據。

周官新義十六卷附攷工記解二卷

宋王安石撰。《經苑》本。《粤雅堂叢書》本。《四庫》著録。

禮經會元四卷

宋葉時撰。《通志堂經解》本。凡百篇。《四庫》著録。

太平經國之書十一卷

宋鄭伯謙撰。《通志堂經解》本。其目二十。《四庫》著録。

周禮訂義八十卷

宋王與之撰。《通志堂經解》本。翁覃溪曰：「采舊説八十一家，宋儒之説又四十五家。言義理者略備於此。」《四庫》著録。

鬳齋考工記解二卷

宋林希逸撰。《通志堂經解》本。每段有圖，文亦明顯。《四庫》著録。

周禮集説八卷

元陳友仁撰。《地官》原闕，劉儲秀補撰。元刊明初補印本。《四庫》著録。

周官集傳十六卷

元毛應龍撰。《豫章叢書》本。《四庫》著録。

周禮定本四卷
明舒芬撰。萬曆甲戌刻《梓溪全集》本。《四庫》存目。

周官義疏四十八卷
乾隆十三年張廷玉等奉敕撰。武英殿本。《四庫》著録。

周禮問一卷
清毛奇齡撰。《西河全集》本。《四庫》存目。

周官辨非一卷
清萬斯大撰。乾隆戊寅斯大孫福校刻《經學五書》本。《四庫》存目。

周官集注十二卷周官辨一卷
清方苞撰。乾隆八年刻《望溪全集》本。《四庫》著録。

周官析疑三十六卷

清方苞撰。雍正十年刻《望溪全集》本。雍正辛亥抗希堂刻本。《四庫》存目。

考工記析疑四卷

清方苞撰。乾隆十一年刻《望溪全集》本。《四庫》存目。

周官禄田攷三卷

清沈彤撰。《學海堂經解》本。《四庫》著録。

周禮疑義舉要七卷

清江永撰。《學海堂經解》本。《守山閣叢書》本。《四庫》著録。

周禮訓纂二十一卷

清李鍾倫撰。乾隆丁丑子清馥附刻《榕村全書》本。

周禮摘箋五卷

清李調元撰。《函海》本。

周官肌測六卷叙録一卷

清孔廣林撰。曲阜孔氏《説經五稾》本。

周禮漢讀考六卷

清段玉裁撰。嘉慶甲戌《經韵樓全書》本。《學海堂經解》本。

周禮外義二卷

清程大中撰。道光甲午吴毓梅刻《在山堂全集》本。

周官故書考一卷

清程際盛撰。光緒庚寅《積學齋叢書》本。

周官故書考四卷

清徐養原撰。光緒乙酉陸心源刻《湖州先哲遺書》本。《經解續編》本。

周禮學一卷

清王聘珍撰。《經解續編》本。

周禮釋注二卷

清丁晏撰。《頤志齋叢書》本。

周禮軍賦説四卷

清王鳴盛撰。《學海堂經解》本。

考工記圖二卷

清戴震撰。乾隆己亥《戴氏遺書》本。《學海堂經解》本。

考工創物小説一卷磬折古義一卷溝洫疆理小記一卷九穀考一卷

清程瑶田撰。《學海堂經解》本。

車制考一卷

清錢坫撰。《經解續編》本。

車制圖考二卷

清阮元撰。《學海堂經解》本。

考工輪輿私箋二卷附圖一卷

清鄭珍撰。《經解續編》本。廣雅書局本。

考工記考辨八卷

清王宗棟撰。《經解續編》本。

周官禮經注正誤一卷

清張宗泰撰。光緒庚寅《積學齋叢書》本。

肆獻祼饋食禮纂三卷

清任啟運撰。嘉慶戊辰彭信刻《釣臺遺書》本。

周官記五卷周官説五卷周官説補三卷

清莊存與撰。《經解續編》本。《味經齋遺書》本。

周官指掌五卷

清莊有可撰。光緒七年湖北官書局刻《巾箱叢書》本。

周禮正義六十卷

清孫詒讓撰。湖北刻本。

周禮政要二卷

清孫詒讓撰。光緒壬寅瑞安刻本。

周官注疏小箋五卷

清曾釗撰。《經解續編》本。

周官箋六卷

清王闓運撰。東洲講舍刻本。

以上禮類周禮之屬

儀禮鄭注十七卷

漢鄭玄注。明永懷堂刻本。《士禮居叢書》仿宋刻嚴州本，附《札記》一卷。湖北局覆刻黄本。

儀禮注疏十七卷

漢鄭玄註，唐賈公彦疏。明崇禎九年汲古閣刻本。嘉慶二十一年南昌學刻本。《四庫》著録。

儀禮疏五十卷

唐賈公彦撰。道光庚寅汪士鍾仿宋景德本。

儀禮識誤三卷

宋張淳撰。武英殿聚珍版本。《四庫》著録。

儀禮集釋三十卷

宋李如圭撰。《經苑》本。《四庫》著録。

儀禮釋宫一卷

宋李如圭撰。《經苑》本。《守山閣叢書》本。《四庫》著録。

儀禮圖十七卷儀禮旁通圖一卷

宋楊復撰。《通志堂經解》本。圖二百有五，旁通圖二十五。吴槎客謂圖有謬者。《四庫》著録。

儀禮逸經傳二卷

元吴澄撰。《通志堂經解》本。《經》八篇，《傳》十篇。朱竹垞謂列於學官。《四庫》著録。

儀禮集説十七卷

元敖繼公撰。《通志堂經解》本。敖爲趙孟頫之師。《四庫》著録。

經禮補逸九卷

元汪克寬撰。《通志堂經解》本。翁覃溪曰：「鈔合三《禮》、三《傳》、諸經之文，以五禮統之，與草廬之書不同。」《四庫》著録。

儀禮義疏四十八卷

清乾隆十三年張廷玉等奉勅撰。武英殿本。武昌局本。《四庫》著録。

儀禮鄭注句讀十七卷附監本正誤石經正誤二卷

清張爾岐撰。康熙原刻本。江南局本。

昏禮辨正一卷

清毛奇齡撰。《藝海珠塵》本。《西河全集》本。

儀禮商二卷附録一卷

清萬斯大撰。乾隆戊寅斯大孫福校刻《經學五書》本。《四庫》著録。

儀禮析疑十七卷

清方苞撰。乾隆十一年刻《望溪全集》本。《四庫》著録。

喪禮或問一卷

清方苞撰。雍正四年刻《望溪全集》本。

儀禮節略二十卷

清朱軾撰。《高安朱氏藏書十三種》本。

補饗禮一卷

清諸錦撰。《藝海珠塵》本。《槐廬叢書》本。《四庫》著録。

朝廟宫室攷一卷

清任啓運撰。《經解續編》本。《四庫》著録十三卷。

儀禮釋宫增注一卷

清江永撰。《經解續編》本。《四庫》著録。

儀禮釋例一卷

清江永撰。《經解續編》本。《守山閣叢書》本。

儀禮小疏一卷

清沈彤撰。《學海堂經解》本。《四庫》著録。

讀禮通攷一百二十卷

清徐乾學撰。康熙三十五年家刻本。江蘇書局本。《四庫》著録。

儀禮圖六卷

清張惠言撰。同治九年湖北官書局縮刻本。《經解續編》本。

讀儀禮記二卷

清張惠言撰。嘉慶八年刻《茗柯全書》本。《經解續編》本。

禮經釋例十三卷

清淩廷堪撰。《學海堂經解》本。

儀禮正義四十卷

清胡培翬撰。《經解續編》本。

儀禮釋官九卷

清胡培翬撰。《經解續編》本。

儀禮漢讀考一卷

清段玉裁撰。嘉慶甲戌《經韵樓全書》本。《學海堂經解》本。

儀禮古今文疏義十七卷

清胡承珙撰。《經解續編》本。湖北局本。

儀禮章句十七卷

清吴廷華撰。《學海堂經解》本。《四庫》著録。

儀禮注疏詳校十七卷

清盧文弨撰。乾隆間自刻《抱經堂叢書》本。

儀禮注疏正僞十七卷

清金曰追撰。《經解續編》本。

儀禮纂録二卷

清李清植撰。乾隆十年《榕村全書》附刻本。

儀禮今古文異同五卷

清徐養原撰。《湖州先哲遺書》本。《經解續編》本。廣雅書局本。

儀禮肊測十七卷叙録一卷

清孔廣林撰。曲阜孔氏《説經五稾》本。

士冠禮箋一卷

清孔廣林撰。曲阜孔氏《説經五稾》附刻本。

儀禮石經校勘記四卷

清阮元撰。咸豐乙卯《粤雅堂叢書》本。光緒庚寅成都書局刻《石經彙函》本。

弁服釋例八卷

清任大椿撰。《學海堂經解》本。

喪服文足徵記十卷

清程瑶田撰。《學海堂經解》本。

儀禮學一卷

清王聘珍撰。《經解續編》本。

儀禮目録校證三卷

清胡匡衷撰。《學海堂經解》本。

喪服會通四卷

清吴嘉賓撰。《經解續編》本。

喪禮經傳約一卷

清吴嘉賓撰。同治十一年《滂喜齋叢書》本，題《吴項儒遺書》。《經解續編》本。

儀禮管見四卷

清褚寅亮撰。咸豐辛酉《粤雅堂叢書》本。《經解續編》本。

儀禮釋注二卷

清丁晏撰。咸豐壬子楊刻《詩禮七編》本。《頤志齋叢書》本。

儀禮私箋八卷

清鄭珍撰。《經解續編》本。廣雅書局刊本。

儀禮古今攷二卷

清李調元撰。《函海》本。

士昏禮對席圖一卷

清俞樾撰。《經解續編》本。

昏禮重別論對駁義二卷

清劉壽曾撰。《經解續編》本。

儀禮箋十七卷

清王闓運撰。光緒丙申東洲講舍刻本。

以上禮類儀禮之屬

禮記注二十卷

漢鄭玄撰。武英殿仿宋岳珂《五經》本。明嘉靖中仿宋刻三《禮》單注本。明嘉靖吴郡繙刻宋《相臺五經》本。光緒二年江南書局仿宋《相臺五經》本。

禮記解詁一卷

漢盧植撰，清臧庸輯。光緒癸巳《鄦齋叢書》本。

月令章句五卷

漢蔡邕撰，清蔡雲輯。《南菁書院叢書》本。

月令章句四卷

漢蔡邕撰，清葉德輝輯。光緒甲辰觀古堂自刻本。

蔡氏月令章句二卷

清臧庸輯。《鄦齋叢書》本。

蔡氏明堂月令章句一卷月令問答一卷明堂月令論一卷

清陸堯春撰。嘉慶三年小蓬萊山館刻本。

禮記正義六十三卷

漢鄭玄撰，唐孔穎達疏。明崇禎十二年汲古閣刻本。嘉慶二十年南昌學刻本。《四庫》著録。

禮記集説一百六十卷

宋衛湜撰。《通志堂經解》本。採集漢至宋説《禮》之言凡一百四十四家。何義門謂顧伊人所校有舛誤。《四庫》著録。

禮記集説辨疑一卷

明戴冠撰。《涉聞梓舊》本。

禮記纂言三十六卷

元吴澄撰。高安朱軾校刻本。《四庫》著録。

禮記大全三十卷

明永樂中胡廣等奉勅撰。明經廠刻本。《四庫》著録。

禮記通解二十二卷

明郝敬撰。明萬曆丙辰家刻本。崇雅堂傳鈔本。《四庫》存目。

檀弓叢訓二卷

明楊慎撰。《函海》本。

大學注一卷月令氣候圖説一卷

明楊慎撰。《函海》本。

投壺儀節一卷

明汪褆撰。光緒戊子徐士愷《觀自得齋叢書》本。

禮記義疏八十二卷

清乾隆十三年張廷玉等奉勅撰。武英殿本。武昌局本。《四庫》著録。

深衣攷一卷

清黄宗羲撰。《南菁書院叢書》本。《四庫》著録。

禮記章句四十九卷

清王夫之撰。《船山遺書》本。

陳氏禮記集説補正三十八卷

清納喇成德撰。《通志堂經解》本。方望溪曰：「張樸村以爲陸翼王所述。」《四庫》著録。

檀弓訂誤一卷

清毛奇齡撰。《西河全集》本。

曾子問講録四卷

清毛奇齡撰。《西河全集》本。《四庫》存目。

禮記析疑四十八卷

清方苞撰。《望溪全集》本。《四庫》著録。

深衣考誤一卷

清江永撰。《學海堂經解》本。《四庫》著録。

禮記訓義擇言八卷

清江永撰。《經解續編》本。《守山閣叢書》本。《四庫》著録。

禮記鄭讀考六卷

清陳喬樅撰。《學海堂經解》本。

禮記偶箋三卷

清萬斯大撰。乾隆戊寅斯大孫福校刻《經學五書》本。《學海堂經解》本。《四庫》存目。

禮記補疏三卷

清焦循撰。道光丙戌《雕菰樓叢書》本。《學海堂經解》本。

禮記天算釋一卷

清孔廣森撰。光緒七年湖北官書局刻《巾箱叢書》本。光緒七年姚覲元刻《咫進齋叢書》本。《學海堂經解》本。廣雅書局刊本。

禮記訓纂四十九卷

清朱彬撰。咸豐元年家刻本。

鄭氏禮記箋四十九卷

清郝懿行撰。《郝氏遺書》本。

禮記集解六十一卷

清孫希旦撰。同治戊辰孫衣言刻《永嘉叢書》本。

深衣釋例三卷

清任大椿撰。《經解續編》本。

燕寢考三卷

清胡培翬撰。《學海堂經解》本。

明堂大道録八卷

清惠棟撰。《經訓堂叢書》本。《經解續編》本。

禘説二卷

清惠棟撰。《經訓堂叢書》本。《經解續編》本。

明堂攷三卷

清孫星衍撰。嘉慶七年《問經堂叢書》本。

禮記附記六卷

清翁方綱撰。《畿輔叢書》本。

王制管窺一卷

清耿極撰。《畿輔叢書》本。

禮記釋注四卷

清丁晏撰。咸豐壬子楊刻《詩禮七編》本。《頤志齋叢書》本。

投壺考原一卷

清丁晏撰。《南菁書院叢書》本。

禮記異文箋一卷

清俞樾撰。《經解續編》本。《春在堂全書》本。

禮記正讀考一卷

清俞樾撰。《經解續編》本。《春在堂全書》本。

樂記異文考一卷

清俞樾撰。《春在堂全書》本。

禮記箋四十六卷

清王闓運撰。光緒丙申東洲講舍刻本。

以上禮類《禮記》之屬

大戴禮記十三卷

漢戴德撰。乾隆丙子《雅雨堂叢書》本。王謨《漢魏叢書》本。劉世珩玉海堂仿元至正刻本。高安朱軾校刻本。《四庫》著録。

夏小正戴氏傳四卷

宋傅崧卿撰。《通志堂經解》本。《士禮居叢書》本，附《校録》一卷。《四庫》著録。

大戴禮記補注十三卷叙録一卷

清孔廣森撰。嘉慶丁丑刻《顨軒所著書》本。《學海堂經解》本。《畿輔叢書》本。

大戴禮記解詁十三卷叙録一卷

清王聘珍撰。《經解續編》本。

大戴禮記補注十二卷附録一卷

清汪照撰。《經解續編》本。

大戴禮記正誤一卷

清汪中撰。《學海堂經解》本。

夏小正集解四卷

清顧鳳藻撰。《士禮居叢書》本。

夏小正傳二卷

清孫星衍校。《翠琅玕館叢書》本。

夏小正考注一卷

清畢沅校。乾隆癸卯《經訓堂叢書》本。

夏小正疏義四卷附釋音異字記一卷

清洪震煊撰。《學海堂經解》本。

曾子注釋四卷

清阮元撰。《學海堂經解》本。

孔子三朝記二卷目録一卷

清馬國翰輯。《玉函山房叢書》本。

夏小正正義四卷

清王筠撰。咸豐壬子《鄂宰四種》本。王懿榮刻《天壤閣叢書》本。

夏小正分箋四卷夏小正異義二卷

清黄模撰。《經解續編》本。光緒癸巳《鄦齋叢書》本。

夏小正私箋一卷

清吴汝綸撰。光緒甲辰吴氏家刻本。

以上禮類大戴禮記之屬

白虎通義四卷

漢班固撰。《抱經堂叢書》本。此書皆言禮制。

禮論鈔三卷

宋庾蔚之撰。玉函山房輯本。

三禮義宗一卷

梁崔靈恩撰，清王謨輯。《漢魏遺書》本。

三禮圖集注二十卷

宋聶崇義撰。《通志堂經解》本。《四庫》著録。

儀禮經傳通解三十七卷續二十九卷
宋朱子撰。日本寬文九年仿宋刻本。《四庫》著録。

喪禮吾説篇十卷
清毛奇齡撰。《西河全集》本。《四庫》存目。

郊社禘祫問一卷
清毛奇齡撰。《西河全集》本。《藝海珠塵》本。《經解續編》本。《四庫》著録。

大小宗通釋二卷
清毛奇齡撰。《西河全集》本。《藝海珠塵》本。《經解續編》本。《四庫》存目。

廟制折衷一卷
清毛奇齡撰。《西河全集》本。《四庫》存目。

昏禮辨正一卷

清毛奇齡撰。《西河全集》本。《藝海珠塵》本。《四庫》存目。

學校問一卷

清毛奇齡撰。《西河全集》本。《藝海珠塵》本。《四庫》存目。

明堂問一卷

清毛奇齡撰。《西河全集》本。《四庫》存目。

學禮質疑二卷

清萬斯大撰。乾隆五年斯大孫福校刻《經學五書》本。《學海堂經解》本。《四庫》著録。

禘祫辨誤二卷

清程廷祚撰。《經解續編》本。

讀禮志疑六卷

清陸隴其撰。張伯行刻《正誼堂全書》本。《四庫》著録。

禮箋三卷

清金榜撰。《學海堂經解》本。

禮學卮言六卷

清孔廣森撰。嘉慶丁丑家刻《顨軒所著書》本。《學海堂經解》本。

三禮義證十二卷

清武億撰。道光癸卯楊以增刻，億孫耒併入《授堂遺書》本。

求古録禮説十六卷補遺一卷校勘記三卷

清金鶚撰。《經解續編》本。《滂喜齋叢書》本。

吉凶服名用篇八卷叙録一卷

清孔廣林撰。《曲阜孔氏説經五稾》本。

古今服緯三卷釋問一卷

清雷鐏撰。《畿輔叢書》本。

明堂億一卷

清孔廣林撰。《曲阜孔氏説經五稾》本。

禘祫觿解篇一卷

清孔廣林撰。《曲阜孔氏説經五稾》本。

祭儀考四卷説裸二卷

清龔景瀚撰。《澹静齋全集》本。

禮説四卷

清淩曙撰。《學海堂經解》本。

禘祫問答一卷

清胡培翬撰。《經解續編》本。

三禮目録考證一卷

清臧庸輯。光緒癸巳《鄦齋叢書》本。

鄭氏三禮目録一卷

清袁鈞輯。浙局刻《鄭氏佚書》本。

宗法小記一卷

清程瑶田撰。《學海堂經解》本。

質疑二卷

清杭世駿撰。《讀畫齋叢書》本。《學海堂經解》本。

冠昏喪祭儀攷十二卷

清林伯桐撰。道光甲辰家刻《修本堂叢書》本。

學禮管釋十八卷

清夏炘撰。《經解續編》本。

佚禮扶微五卷

清丁晏撰。《南菁書院叢書》本。

冕服考四卷

清焦廷琥撰。光緒庚寅《積學齋叢書》本。

禮説略三卷

清黄式三撰。《經解續編》本。

禮經通論一卷

清邵懿辰撰。《經解續編》本。

玉佩攷一卷

清俞樾撰。《經解續編》本。《春在堂全書》本。

鄭康成駁正三禮考一卷

清俞樾撰。《經解續編》本。《春在堂全書》本。

以上禮類三禮總義之屬

禮書一百五十卷

宋陳祥道撰。明監修補宋板本。光緒丙子廣東菊坡精舍刻本。明張溥、盛順校刻本。《四庫》著録。

書儀十卷

宋司馬光撰。雍正元年汪亮采刻本。江蘇書局重刻汪亮采本。《四庫》著録。

家禮五卷附録一卷

宋朱子撰。光緒庚辰江蘇公善堂仿宋刻大字本。《四庫》著録。

家禮儀節八卷

明丘濬撰。萬曆戊午何士晉刻本。《四庫》存目。

四禮翼四卷

明吕坤撰，清朱軾評點。《朱氏藏書十三種》本。《四庫》存目。

辨定祭禮通俗譜五卷

清毛奇齡撰。《西河全集》本。《四庫》著録。

儀禮節要二十卷

清朱軾撰。《朱氏藏書十三種》本。《四庫》存目。

朱子禮纂五卷

清李光地撰。雍正十一年門人汪漋刻本，并入《榕村全集》。

五禮通考二百六十二卷

清秦蕙田撰。乾隆十八年家塾刻本。江蘇書局本。《四庫》著録。

喪服私論一卷

清俞樾撰。《春在堂全書》本。

禮書通故一百卷

清黄以周撰。光緒癸巳黄氏家刻本。

以上禮類禮書之屬

右經部禮類二百四種，二千六百九十五卷，重者不計。

《崇雅堂書録》卷之一終

崇雅堂書録卷之二

潛江甘鵬雲藥樵編

經部五

樂類

樂書要録三卷

唐日本吉備貞備撰。光緒辛巳湖北局刻《巾箱叢書》本。

律吕新書二卷

宋蔡元定撰，羅登選箋。乾隆二十年乙亥羅氏自刻本。《四庫》著録。

樂書正誤一卷

宋樓鑰撰。吴興張氏《擇是居叢書》本。

瑟譜六卷

元熊朋來撰。《經苑》本。《粵雅堂叢書》本。《四庫》著録。

苑洛志樂二十卷

明韓邦奇撰。明嘉靖戊申刻本。《四庫》著録。

樂律全書四十二卷

明朱載堉撰。明萬曆甲申自刻本。《四庫》著録。

古樂經傳五卷

清李光地撰。雍正五年丁未公孫清植編刻本，并入《榕村全集》。《四庫》著録。

聖諭樂本解説二卷

清毛奇齡撰。《西河全集》本。《四庫》著録。

皇言定聲録八卷

清毛奇齡撰。《西河全集》本。《四庫》著録。

竟山樂録四卷

清毛奇齡撰。《西河全集》本。《四庫》著録。

李氏學樂録二卷

清李塨撰。《西河全集》本。《四庫》著録。

律吕新義四卷附録一卷

清江永撰。光緒七年湖北局刻《巾箱叢書》本。

律吕新論二卷

清江永撰。《守山閣叢書》本。《四庫》著録。

律吕元音一卷附録一卷

清畢珍述撰。《小萬卷樓叢書》本。

聲律小記一卷

清程瑶田撰。《學海堂經解》本。

律吕通解五卷

清汪烜撰。《粤雅堂叢書》本。

賡和録二卷

清何夢瑶撰。《嶺南遺書》本。

樂縣攷二卷

清江藩撰。《粤雅堂叢書》本。

燕樂攷原六卷

清凌廷堪撰。《粤雅堂叢書》本。

聲律通攷十卷

清陳澧撰。咸豐十年家刻《東塾叢書》本。

律吕古義六卷

清錢塘撰。《南菁書院叢書》本。

瑟譜一卷

清邵嗣堯撰。光緒七年湖北局刻《巾箱叢書》本。

律吕臆説一卷

清徐養原撰。湖北局刻《巾箱叢書》本。

管色攷一卷

清徐養原撰。湖北局刻《巾箱叢書》本。

笛律一卷

清徐養原撰。湖北局刻《巾箱叢書》本。

右經部樂類二十五種，一百四十卷，重者不計。

經部六

春秋類

左氏傳解誼四卷

漢服虔撰，清王謨輯。《漢魏遺書》本。

春秋左傳集解三十卷

晉杜預撰。武英殿仿刻宋岳珂《相臺五經》本。光緒二年江南書局仿宋《相臺五經》本。

明嘉靖間覆宋《相臺五經》本。

春秋左傳正義六十卷

晉杜預注，唐孔穎達疏。明崇禎十一年汲古閣刻本。嘉慶二十年南昌學刻本。《四庫》著録。

春秋釋例十五卷

晉杜預撰。《古經解彙函》本。《四庫》著録。

春秋長歷一卷

晉杜預撰。《微波榭叢書》本。

春秋土地名一卷

晉京相璠撰。乾隆戊子孔繼涵刻《微波榭叢書》本。

春秋名號歸一圖二卷

蜀馮繼先撰。《通志堂經解》本。武英殿仿宋岳珂刻《春秋集解》附刻本。《四庫》著録。

春秋年表一卷

不著撰人名氏。武英殿仿宋岳刻《春秋集解》附刻本。《四庫》著録。

春秋左氏傳説二十卷

宋吕祖謙撰。《通志堂經解》本。或作吕本中撰。《四庫》著録。

春秋集解三十卷

宋吕祖謙撰。《通志堂經解》本。納蘭容若序疑是吕居仁。《四庫》著録作吕本中。此專用《左傳》本。

春秋左傳事類始末五卷

宋章冲撰。《通志堂經解》本。目録後附録災異事物等，頗有資於查考。

春秋王霸列國世紀編三卷

宋李琪撰。《通志堂經解》本。《四庫》著録。

春秋或問二十卷附春秋五論一卷

宋吕大圭撰。《通志堂經解》本。《四庫》著録。

春秋提綱十卷

元陳則通撰。《通志堂經解》本。分侵伐、朝聘、盟會、雜例四門。《四庫》著録。

春秋屬詞十五卷

元趙汸撰。《通志堂經解》本。凡八篇，自序謂筆削之大凡。《四庫》著録。

春秋左氏傳補注十卷

元趙汸撰。《通志堂經解》本。《四庫》著録。

春秋非左二卷

明郝敬撰。《湖北叢書》本。

左傳杜解補正三卷

清顧炎武撰。潘耒刻《亭林遺書》本。《學海堂經解》本。《四庫》著録。

學春秋隨筆十卷

清萬斯大撰。嘉慶戊寅斯大孫福刻《經學五書》本。《學海堂經解》本。《四庫》存目。

春秋左傳小疏一卷

清沈彤撰。《學海堂經解》本。《四庫》著録。

春秋毛氏傳三十六卷

清毛奇齡撰。《西河全集》本。《學海堂經解》本。《四庫》著録。

春秋簡書刊誤二卷

清毛奇齡撰。《西河全集》本。《四庫》著録。

續春秋左傳博議二卷

清王夫之撰。《船山遺書》本。

左傳事緯十二卷附録八卷

清馬驌撰。順治丁酉許元淮刻本。同治七年漢陽朝宗書屋活字排印本。《四庫》著録。

春秋燬餘四卷

清李光地撰。道光壬午元孫維迪刻《榕村全書》本。

春秋通論四卷

清方苞撰。《望溪全集》本。《四庫》著録。

春秋直解十二卷

清方苞撰。《望溪全集》本。

左傳義法舉要一卷

清方苞撰。《望溪全集》本。

春秋鈔十卷

清朱軾撰。《朱氏藏書十三種》本。《四庫》存目。

春秋長歷十卷

清陳厚耀撰。《經解續編》本。《四庫》著録。

春秋世族譜一卷

清陳厚耀撰。光緒丙戌徐幹刻本。《四庫》著録。

春秋世族譜拾遺一卷

清成蓉鏡撰。《南菁書院叢書》本。

春秋識小録九卷

清程廷祚撰。《藝海珠塵》本。《四庫》著録。

左傳補注六卷

清惠棟撰。乾隆甲午《貸園叢書》本。《學海堂經解》本。《守山閣叢書》本。《四庫》

著録。

左傳評三卷

清李文淵撰。乾隆乙未《貸園叢書》本。《四庫》著録。

春秋地理攷實四卷

清江永撰。《學海堂經解》本。《四庫》著録。

春秋左氏古經十二卷凡一卷

清段玉裁撰。嘉慶辛未《經韻樓全書》本。

春秋賈服注輯述二十卷

清李貽德撰。《經解續編》本。

春秋傳服氏注十二卷

清袁鈞輯。浙局刻《鄭氏佚書》本。

春秋左傳古義六卷
清臧壽恭撰。同治甲戌《滂喜齋叢書》本。

左傳詁五十卷
清洪亮吉撰。光緒己卯曾孫用懃刻《北江遺書》本。《經解續編》本。

左傳補注三卷
清馬宗槤撰。《學海堂經解》本。

左傳補注一卷
清姚鼐撰。嘉慶丙辰家刻《惜抱軒全書》本。《南菁書院叢書》本。

左通補釋三十二卷
清梁履繩撰。道光九年汪遠孫振綺堂刻本。

左傳補疏五卷

清焦循撰。《雕菰樓叢書》本。《學海堂經解》本。

左傳舊疏攷證八卷

清劉文淇撰。《經解續編》本。湖北局本。

劉炫規杜持平六卷

清邵瑛撰。《南菁書院叢書》本。

春秋經傳朔閏表二卷

清姚文田撰。道光元年自刻《邃雅堂學古録》本。

左氏春秋攷證二卷

清劉逢禄撰。《學海堂經解》本。

春秋左傳補注十二卷

清沈欽韓撰。光緒甲申《功順堂叢書》本。《經解續編》本。

春秋左傳地名補注十二卷

清沈欽韓撰。《功順堂叢書》本。

春秋楚地答問一卷

清易本烺撰。《湖北叢書》本。

春秋朔閏異同二卷

清羅士琳撰。《經解續編》本。趙之謙《仰視千七百九鶴齋叢書》本。

周秦人名字解詁二卷

清王引之撰。自刻本，無年月。按，此與《春秋名字解詁》詳略不同。

春秋名字解詁二卷

清王引之撰。嘉慶二十二年《經義述聞》附刻本。《學海堂經解》本。

春秋國都爵姓攷補一卷

清曾釗撰。《粤雅堂叢書》本。

達齋春秋論一卷左傳古本分年攷一卷春秋歲星攷一卷

清俞樾撰。《曲園雜纂》本。

春秋名字解詁補義一卷

清俞樾撰。《經解續編》本。

春秋國都爵姓攷一卷

清陳鵬撰。《粤雅堂叢書》本。

分國左傳十八卷

清曹培基撰。乾隆刻本。

左傳博議拾遺二卷

清朱元英撰。《小萬卷樓叢書》本。

春秋日南至譜一卷

清成蓉鏡撰。《經解續編》本。

春秋名字解詁駁一卷

清胡元玉撰。《經解續編》本。

春秋左傳讀叙録一卷劉子政左氏説一卷

清章炳麟撰。浙江圖書館刻本。

周秦名字解故附録一卷

清王萱齡撰。《畿輔叢書》本。

以上春秋類左傳之屬

春秋公羊傳十一卷

漢何休撰。嘉慶中汪中問禮堂仿刻宋紹熙本。同治二年魏彦修補，附《校記》一卷。湖北書局刻本。光緒五年山西濬文書局刻本，附《校勘記》一卷。

春秋公羊傳注疏二十八卷

漢何休注，唐徐彦疏。明崇禎七年汲古閣刻本。清嘉慶二十年阮元南昌學刻本。《四庫》著録。

春秋繁露十七卷

漢董仲舒撰。《抱經堂叢書》本。江西重刻武英殿聚珍板本。《古經解彙函》本，《附録》一卷。湖北局本。浙江書局覆抱經堂本。王謨《漢魏叢書》本。《四庫》著録。

春秋繁露注十七卷

清凌曙注。《經解續編》本。《畿輔叢書》本。

春秋公羊通義十一卷敘録一卷

清孔廣森撰。嘉慶丁丑家刻《顨軒所著書》本。《學海堂經解》本。

春秋正辭十一卷

清莊存與撰。《學海堂經解》本。《味經齋遺書》本。

春秋舉例一卷春秋要指一卷

清莊存與撰。《味經齋遺書》本。

公羊何氏釋例十卷

清劉逢禄撰。《學海堂經解》本。

公羊何氏解詁箋一卷

清劉逢禄撰。《學海堂經解》本。

論語述何二卷

清劉逢禄撰。《學海堂經解》本。

公羊逸禮考徵一卷

清陳奐撰。《滂喜齋叢書》本。《經解續編》本。《槐廬叢書》本。

公羊禮説一卷

清凌曙撰。《學海堂經解》本。自刻《蜚雲閣叢書》本。

公羊禮疏十一卷

清凌曙撰。光緒九年姚覲元《咫進齋叢書》刻本。《蜚雲閣叢書》本。

公羊問答二卷

清凌曙撰。光緒乙亥《咫進齋叢書》本。《蜚雲閣叢書》本。

公羊補注一卷

清姚鼐撰。《惜抱軒全集》本。《南菁書院叢書》本。

公羊義疏七十六卷

清陳立撰。《經解續編》本。

公羊注疏質疑二卷

清何若瑶撰。廣雅書局本。

公羊歷譜十一卷

清包慎言撰。《經解續編》本。

春秋決事比一卷

清龔自珍撰。《經解續編》本。

何休注訓論語述一卷

清劉恭冕撰。《經解續編》本。光緒癸巳《鄦齋叢書》本。

春秋董氏學八卷

清康有爲撰。萬木草堂刻本。

以上春秋類公羊傳之屬

春秋穀梁傳十二卷

晉范甯集解。《古佚叢書》仿刻宋紹熙余仁仲本。湖北書局本。

春秋穀梁經傳解釋殘卷一卷

魏麋信注。宣統辛亥羅振玉影印唐卷子本。

春秋穀梁傳注疏二十卷

晉范甯注，唐楊士勛疏。明崇禎八年汲古閣刻本。嘉慶二十年南昌學刻本。《四庫》著録。

春秋經解十五卷

宋孫覺撰。通志堂單刻本。武英殿聚珍版本。《四庫》著録。

穀梁釋例四卷

清許桂林撰。《粤雅堂叢書》本。《經解續編》本。

穀梁禮證二卷

清侯康撰。《經解續編》本。《嶺南遺書》本。

穀梁補注一卷

清姚鼐撰。《惜抱軒全集》本。《南菁書院叢書》本。

穀梁大義述二十卷

清柳興宗撰。《經解續編》本。

穀梁補注二十四卷首末二卷

清鍾文烝撰。《經解續編》本。

穀梁古義疏十一卷

清廖平撰。光緒庚子成都日新書局刻本。

以上春秋類穀梁傳之屬

箴膏肓一卷起廢疾一卷發墨守一卷

漢鄭玄撰，清袁鈞輯。浙刻《鄭氏佚書》本。《藝海珠塵》本。《四庫》著録。

春秋集傳纂例十卷

唐陸淳撰。《經苑》本。《古經解彙函》本。此書多與先儒異。《四庫》著録。

春秋集傳辨疑十卷

唐陸淳撰。《古經解彙函》重刻龔翔麟本。唐以前説《春秋》者多本三《傳》，别出新義，自此書始。《四庫》著録。

春秋微旨三卷

唐陸淳撰。《經苑》本。《古經解彙函》本。《四庫》著録。

春秋摘微一卷

唐盧仝撰。《南菁書院叢書》本。

春秋尊王發微十二卷

宋孫復撰。《通志堂經解》本。此書多與先儒異。《四庫》著録。

春秋皇綱論五卷

宋王晳撰。《通志堂經解》本。多据三《傳》注疏及啖趙之説，凡二十三篇。《四庫》著録。

春秋通義一卷

宋不著撰人名氏。《小萬卷樓叢書》本。《四庫》著録。

春秋會義二十六卷

宋杜諤撰。光緒十八年山東孫氏刻本。

春秋權衡十七卷

宋劉敞撰。《通志堂經解》本。《四庫》著録。

春秋傳十五卷

宋劉敞撰。《通志堂經解》本。卷前有《春秋傳名氏》，自周至宋凡八十七家。《四庫》著録。

春秋意林二卷

宋劉敞撰。《通志堂經解》本。《四庫》著録。

春秋傳説例一卷

宋劉敞撰。武英殿珍板本。《藝海珠塵》本。《四庫》著録。

潁濱春秋集解十二卷

宋蘇轍撰。《經苑》本。明刻本。《四庫》著録。

春秋辨疑四卷

宋蕭楚撰。武英殿聚珍板本。《四庫》著録。

春秋本例二十卷

宋崔子方撰。《通志堂經解》本。凡十六門，大約以日、月、時爲例。《四庫》著録。

春秋五禮例宗七卷

宋張大亨撰。《粤雅堂叢書》本。《四庫》著録。

石林春秋傳二十卷

宋葉夢得撰。《通志堂經解》本。參合三《傳》。《四庫》著録。

春秋考十六卷

宋葉夢得撰。武英殿聚珍板本。《四庫》著録。

春秋後傳十二卷

宋陳傅良撰。《通志堂經解》本。《四庫》著録。此專用《左傳》本。

春秋集註十一卷綱領一卷

宋張洽撰。《通志堂經解》本。《四庫》著録。參合三《傳》本。

春秋通説十三卷

宋黄仲炎撰。《通志堂經解》本。《四庫》著録。參合三《傳》本。

春秋經筌十六卷

宋趙鵬飛撰。《通志堂經解》本。《四庫》著録。參合三《傳》本。

春秋集傳詳説三十卷綱領一卷

宋家鉉翁撰。《通志堂經解》本。《四庫》著録。專用《左傳》本。

讀春秋編十二卷

宋陳深撰。《通志堂經解》本。《四庫》著録。

春秋集傳釋義大成十二卷

元俞皋撰。《通志堂經解》本。其書備載三《傳》及《胡氏傳》。參合三《傳》本。《四庫》著録。

春秋諸國統紀六卷目録一卷

元齊履謙撰。《通志堂經解》本。《四庫》著録。

春秋本義三十卷

元程端學撰。《通志堂經解》本。採三《傳》以下之説凡一百七十六家。翁覃溪曰：「參合三《傳》之書，以此書爲最詳。」足資查考。《四庫》著録。

春秋或問十卷

元程端學撰。《通志堂經解》本。《四庫》著録。

春秋諸傳會通二十四卷

元李廉撰。《通志堂經解》本。《四庫》著録。

春秋集傳十五卷

元趙汸撰。《通志堂經解》本。《四庫》著録。專用《左氏》本。

春秋師説三卷

元趙汸撰。《通志堂經解》本。述其師黄楚望之説。《四庫》著録。

春秋金鎖匙一卷

元趙汸撰。《微波榭叢書》本。《四庫》著録。

春王正月考一卷

明張以寧撰。《通志堂經解》本。《四庫》著録。

春秋正旨一卷

明高拱撰。《守山閣叢書》本。《四庫》著録。

春秋直解十五卷

明郝敬撰。傳鈔本。《四庫》存目。

春秋稗疏二卷

清王夫之撰。《船山遺書》本。《四庫》著録。

春秋家説三卷

清王夫之撰。《船山遺書》本。《四庫》存目。

春秋世論五卷

清王夫之撰。《船山遺書》本。

春秋傳説彙纂三十八卷

清康熙三十八年王掞等奉勑撰。武英殿本。《四庫》著録。

春秋條貫篇十一卷

清毛奇齡撰。《西河全集》本。《四庫》存目。

春秋屬辭比事記四卷

清毛奇齡撰。《西河全集》本。《學海堂經解》本。《四庫》著録。

春秋比事目録四卷

清方苞撰。乾隆十一年刻《望溪全集》本。《四庫》存目。

半農春秋説十五卷

清惠士奇撰。《學海堂經解》本。吴泰來校刻本。《四庫》著録。

春秋大事表五十卷輿圖一卷附録一卷

清顧棟高撰。《學海堂經解》本。《四庫》著録。

春秋三傳異同攷一卷

清吴陳琰撰。《藝海珠塵》本。《四庫》存目。

春秋經玩四卷

清沈淑撰。《藝海珠塵》本。鮑氏《後知不足齋叢書》本。

春秋或辨一卷
清許之獬撰。《藝海珠塵》本。
春秋直解十二卷
清梁錫璵撰。乾隆間家刻本。
春秋分年繫傳表一卷
清翁方綱撰。自刻《蘇齋叢書》本。
發墨守評一卷箴膏肓評一卷穀梁廢疾申何二卷
清劉逢禄撰。《學海堂經解》本。
箴膏肓疏證一卷釋癈疾疏證一卷發墨守疏證一卷
清皮錫瑞撰。思賢書局刻本。
春秋古經説二卷

清侯康撰。《經解續編》本。《嶺南遺書》本。

春秋十論一卷

清洪亮吉撰。《卷施閣續集》本。

春秋經傳比事二十二卷

清林春溥撰。咸豐辛亥《竹柏山房遺書》本。

春秋屬辭辨例編六十卷

清張應昌撰。咸豐乙卯刻本。江蘇書局刻本。

春秋規過考信九卷

清陳熙晉撰。廣雅書局刊本。

春秋述義拾遺八卷

清陳熙晉撰。廣雅書局刊本。

春秋三傳異文箋十三卷

清趙坦撰。《學海堂經解》本。

春秋三傳異文釋十三卷

清李富孫撰。道光丁酉《别下齋叢書》本。《經解續編》本。

春秋夏正二卷

清胡天游撰。光緒丙戌《式訓堂叢書》本。

春秋説略四卷

清郝懿行撰。光緒八年懿行孫聯薇刻《遺書》本。

春秋比二卷

清郝懿行撰。《郝氏遺書》本。

春秋釋一卷

清黄式三撰。《經解續編》本。

春秋中國夷狄辨三卷

清徐勤撰。上海石印本。

讀春秋界説一卷

近人梁啟超撰。上海石印本。

以上春秋總義之屬

右經部春秋類一百六十二種，一千七百三十卷，重者不計。

經部七

四書類

論語二卷

白文無注。光緒十五年傅雲龍影刻唐卷子本。

篆書論語二卷

清吴大澂篆。光緒乙酉刻本。

論語鄭氏殘本四卷

存《述而》以下四卷。宣統三年羅振玉影印唐卷子本。

論語鄭注十卷

清袁鈞輯。浙局刻《鄭氏佚書》本。

論語集解二十卷

魏何晏集解。《古佚叢書》重刻元正平本。

論語集解義疏十卷

魏何晏集解，梁皇侃義疏。《知不足齋叢書》本。《古經解彙函》本。《四庫》著録。

論語筆解二卷

唐韓愈撰。《藝海珠塵》本。《古經解彙函》本。《四庫》著録。

論語注疏十卷

魏何晏集解，宋邢昺正義。汲古閣本。嘉慶二十年南昌學刻本。光緒丁未劉世珩影刻元元貞本。《四庫》著録。

論語拾遺一卷

宋蘇轍撰。孖經樹刻本。《四庫》著録。

論語意原二卷

宋鄭汝諧撰。《經苑》本。《四庫》著録。

南軒論語解十卷

宋張栻撰。《通志堂經解》本。《四庫》著録。

論語集説十卷

宋蔡節撰。《通志堂經解》本。《四庫》著録。

論語集註攷證十卷

宋金履祥撰。胡鳳丹刻《金華叢書》本。《四庫》著録。

論語絶句一卷

宋張九成撰。《藝海珠塵》本。

論語類考二十卷

明陳士元撰。明嘉靖庚申家刻《歸雲別集》本。吴刻《歸雲別集》本。嘉慶二十四年《湖海樓叢書》本。《湖北叢書》本。《四庫》著録。

論語稽求篇六卷

清毛奇齡撰。《西河全集》本。《學海堂經解》本。《四庫》著録四卷。

聖門釋非録五卷

清毛奇齡撰。《西河全集》本。

讀論語劄記二卷

清李光地撰。《榕村全書》本。《四庫》著録。

鄉黨圖攷十卷

清江永撰。《學海堂經解》本。《四庫》著録。

論語俟質三卷

清江聲撰。董金鑑重印《琳瑯秘室叢書》本。

論語駢枝一卷

清劉台拱撰。嘉慶十三年阮常生刻《劉端臨遺書》本。廣雅書局本。

論語補疏三卷

清焦循撰。《雕菰樓叢書》本。《學海堂經解》本。

論語偶記一卷

清方觀旭撰。《學海堂經解》本。

論語餘説一卷

清崔述撰。道光四年陳履和刻《東壁遺書》本。

論語古訓十卷

清陳鱣輯。光緒九年浙江局刻本。

論語孔注辨僞二卷

清沈濤撰。《功順堂叢書》本。《經解續編》本。《仰視千七百九鶴齋叢書》本。

論語附記二卷

清翁方綱撰。《畿輔叢書》本。

論語魯讀考一卷

清徐養原撰。《湖州先哲遺書》本。《經解續編》本。

論語徵十卷

日本物茂卿撰。傳鈔本。

論語古註集箋十卷

清潘維城撰。光緒七年江蘇局刻本，附《考》一卷。《經解續編》本。

論語正義二十卷

清劉寶楠撰。同治丙寅淮南局刻本。《經解續編》本。

何休訓註論語述一卷

清劉恭冕撰。《鄦齋叢書》本。

鄉黨正義一卷

清金鶚撰。《經解續編》本。

論語説義十卷

清宋翔鳳撰。《經解續編》本。

論語述何二卷

清劉逢禄撰。《學海堂經解》本。

論語後案二十卷

清黄式三撰。光緒九年浙江局刻本。

論語注二十卷

清戴望撰。《南菁書院叢書》本。

論語小言一卷何劭公論語義一卷論語古注擇從一卷

清俞樾撰。《春在堂全書》本。

論語鄭義一卷續論語駢枝一卷

清俞樾撰。《經解續編》本。《俞氏叢書本》本。

論語訓二卷

清王闓運撰。光緒辛卯自刻本。

天文本論語校勘記一卷

清葉德輝撰。觀古堂刻本。

論語朱註訓詁考二卷

清潘衍桐撰。浙江局刻本。

論語注二十卷

清康有爲撰。丁巳年自刻本。

論語類纂七卷論孟提要三卷

清枝江曹廷杰撰。吉林活字板本。

以上四書類論語之屬

孟子註十四卷

漢趙岐撰。乾隆癸巳《微波榭叢書》本，附《音義》二卷。

孟子章指二卷

漢趙岐撰，馬國翰輯。《玉函山房叢書》本。

孟子章指二卷

漢趙岐撰，王謨輯。《漢魏遺書》鈔本。

孟子外書注四卷

宋熙時子撰。《藝海珠塵》本。《函海》本。

孟子外書補證一卷

清林春溥撰。《竹柏山房叢書》本。

孟子外書補注四卷

漢劉熙注，陳矩補注。光緒辛巳自刻本。

孟子劉熙注一卷

清宋翔鳳輯。孫馮翼刻《問經堂叢書》本。

孟子劉熙注一卷

清葉德輝輯。《觀古堂所著書》本。

孟子正義十四卷

舊題宋孫奭撰。汲古閣刻本。嘉慶二十年南昌學刻本。《四庫》著録。

孟子音義二卷

宋孫奭撰。《通志堂經解》本。盧文弨《經典釋文》附刻本。《粤雅堂叢書》本。翁覃溪曰：「采張鎰、丁公著、陸善經三家音義，可補《經典釋文》之闕。」《四庫》著録。

孟子音義攷證二卷

清蔣仁榮撰。《經解續編》本。

孟子解一卷

宋蘇轍撰。孶經樹刻本。《四庫》著録。

南軒孟子說七卷

宋張栻撰。《通志堂經解》本。《四庫》著録。

孟子集疏十四卷

宋蔡模撰。《通志堂經解》本。《四庫》著録。

孟子要略五卷

宋朱子撰，清劉傳瑩輯。《湖北叢書》本。《曾文正公全集》附刻本。

尊孟辨六卷

宋余允文撰。《守山閣叢書》本。《四庫》著録。

孟子雜記四卷

明陳士元撰。《湖海樓叢書》本。《歸雲别集》本。《湖北叢書》本。《四庫》著録。

孟子説解十四卷

明郝敬撰。抄本。

讀孟子劄記二卷

清李光地撰。《榕村全書》本。《四庫》著録。

孟子正義三十卷

清焦循撰。《雕菰樓叢書》本。《學海堂經解》本。

孟子附記二卷

清翁方綱撰。《畿輔叢書》本。

孟子時事攷略四卷

清陳寶泉撰。嘉慶五年自刻本。

孟子字義疏證三卷

清戴震撰。《戴氏遺書》本。

孟子七篇諸國年表二卷

清張宗泰撰。光緒庚寅《積學齋叢書》本。

孟子趙注補正六卷

清宋翔鳳撰。《經解續編》本。廣雅書局本。

武王克殷日記一卷

清林春溥撰。《竹柏山房叢書》本。

滅國五十考一卷

清林春溥撰。《竹柏山房叢書》本。

孟子古注擇從一卷孟子纘義一卷孟子高氏學一卷

清俞樾撰。《春在堂全書》本。

讀孟子界説一卷

近人梁啟超撰。石印本。

以上四書類孟子之屬

大學疏義一卷

宋金履祥撰。雍正刻《率祖堂全書》本。《金華叢書》本。《四庫》著録。

大學古本旁注一卷

明王守仁撰。《函海》本。

大學旁注一卷
明楊慎撰。《函海》本。
大學古文參疑四卷
明劉宗周撰。《劉子全書》本。
大學改本考一卷
明袁楝撰。《一瓻筆存》本。
大學證文四卷
清毛奇齡撰。《西河全集》本。《四庫》著録。
大學知本圖説一卷
清毛奇齡撰。《西河全集》本。
大學問一卷

清毛奇齡撰。《西河全集》本。

大學古義説二卷

清宋翔鳳撰。《經解續編》本。

大學古本輯解二卷

清楊亶驊撰。《畿輔叢書》本。

大學古本説一卷

清李光地撰。《榕村全集》本。《四庫》著録。

古大學釋一卷

清姜每昂撰。康熙二十七年刻本。

大學私訂本一卷

清易順鼎撰。琴志樓叢刻本。

中庸傳一卷

宋晁説之撰。《涉聞梓舊》本。

中庸輯略二卷

宋朱子撰。《朱子全書》本。《四庫》著録。

大學中庸集説啓蒙二卷

元景星撰。《通志堂經解》本。《四庫》著録。

中庸説五卷

清毛奇齡撰。《西河全集》本。

中庸解論一卷中庸四記一卷

清李光地撰。《榕村全集》本。

中庸本解二卷

清楊亶驊撰。《畿輔叢書》本。

以上四書類大學中庸之屬

四書集註二十六卷

宋朱子撰。乾隆元年武英殿仿宋淳祐刻本。光緒七年張裕釗刻本。光緒甲午金陵書局刻本。《四庫》著録。

四書或問三十九卷

宋朱子撰。《朱子全書》本。《四庫》著録。

論孟精義三十四卷

宋朱子撰。《朱子全書》本。《四庫》著録。

四書集編二十六卷

宋真德秀撰。嘉慶辛未祝氏刻《浦城遺書》本。《通志堂經解》本。《四庫》著録。

四書纂疏二十六卷

宋趙順孫撰。《通志堂經解》本。專宗朱子。《四庫》著録。

四書箋義纂要十三卷

宋趙德撰。《守山閣叢書》本。

四書辨疑十五卷

元陳天祥撰。《通志堂經解》本。《四庫》著録，不著撰人名氏。

讀四書叢説四卷

元許謙撰。《經苑》本。《金華叢書》本。《四庫》著録。

四書通三十四卷

元胡炳文撰。《通志堂經解》本。《四庫》著録。

四書疑節十二卷

元袁俊翁撰。《豫章叢書》本。《四庫》著録。

四書通證六卷

元張存中撰。《通志堂經解》本。《四庫》著録。

四書纂箋二十六卷

元詹道傳撰。《通志堂經解》本。用王魯齋所定句讀。《四庫》著録二十八卷。

四書經疑貫通八卷

元王充耘撰。《豫章叢書》本。《四庫》著録。

四書通旨六卷

元朱公遷撰。《通志堂經解》本。編類之目凡九十有八。《四庫》著録。

四書疑問十一卷

明姚舜牧撰。姚起淳刻本。《四庫》存目。

四書講義一卷

明顧憲成撰。顧湘刻《小石山房叢書》本。

四書訓義三十八卷

清王夫之撰。光緒十三年王氏刻本。

讀四書大全説十卷

清王夫之撰。《船山遺書》本。

四書稗疏二卷

清王夫之撰。《經解續編》本。

四書考異一卷

清王夫之撰。《船山遺書》本。

四書箋解十一卷

清王夫之撰。光緒癸巳八世族孫之春刻本。

松陽講義十二卷

清陸隴其撰。光緒丁亥固始張氏刻本。《四庫》著録。

四書講義困勉録五十七卷

清陸隴其撰。康熙三十八年刻本。《四庫》著録。

四書賸言四卷補二卷

清毛奇齡撰。《西河全集》本。《學海堂經解》本。《四庫》著録。

四書索解四卷

清毛奇齡撰。《西河全集》本。《藝海珠塵》本。

四書改錯二十二卷

清毛奇齡撰。《西河全集》本。學圃重刻本。

四書釋地一續一卷又續二卷三續二卷

清閻若璩撰。《學海堂經解》本。《四庫》著録。

四書釋地補一卷續補一卷又續補二卷三續補二卷

清樊廷枚撰。梅陽海涵堂刊本。

大學古本説一卷中庸章段一卷餘論一卷四記一卷論語劄記二卷孟子劄記二卷

清李光地撰。總名《四書解義》。雍正五年門人陶成敬校刻本，並入《榕村全書》。《四庫》著録。

四書考異七十二卷

清翟灝撰。乾隆三十四年無不宜齋刻本。《學海堂經解》刻《條考》三十六卷。

四書逸箋六卷

清程大中撰。道光丙午《海山仙館叢書》本。《粤雅堂叢書》本。《湖北叢書》本。道光甲午吴毓梅刻《在山堂全集》本。《四庫》著録。

四書摭餘說七卷

清曹之升撰。嘉慶戊午蕭山曹氏家刻本。

四書典故辨正二十卷

清周柄中撰。湖南刻本。

四書典故覈三卷

清凌曙撰。嘉慶戊辰《蜚雲閣叢書》本。

四書說略四卷

清王筠撰。道光庚戌家刻本。

四書是訓十五卷

清劉逢禄撰。劉世珩刻《聚學軒叢書》本。

四書説苑十一卷首一卷補遺一卷

清孫應科撰。道光甲申自刻本。

四書因論一卷

清許桂林撰。道光乙未家刻本。

四書瑣語一卷

清姚文田撰。《邃古堂學古録》本。

四書經注集證十九卷

清吴昌宗撰。嘉慶三年汪廷機刻本。

四書辨疑辨一卷

清俞樾撰。《春在堂全書》本。

四書古今訓釋十九卷

清宋翔鳳撰。嘉慶十八年自刻本。

四書釋地辨證二卷

清宋翔鳳撰。《學海堂經解》本。

四書拾遺五卷

清林春溥撰。《竹柏山房叢書》本。

以上四書總義之屬

右經部四書類一百三十八種，一千一百四十一卷，重者不計。

經部八

孝經類

孝經一卷

光緒乙酉吴大澂篆書刻本。又石印本。

古文孝經孔氏傳一卷附宋本古文孝經一卷

漢孔安國撰。乾隆丙申《知不足齋叢書》本。《四庫》著録。

孝經鄭注一卷

漢鄭玄撰。嘉慶辛酉《知不足齋叢書》本。

孝經鄭注一卷

清陳鱣輯。《涉聞梓舊》本。

孝經鄭氏輯解一卷

清臧庸輯。《知不足齋叢書》本。

孝經鄭注一卷

清袁鈞輯。浙局刻《鄭氏佚書》本。

孝經鄭注一卷

清嚴可均輯。姚覲元《咫進齋叢書》本。

孝經注一卷

唐玄宗御製。《古佚叢書》刻唐卷子本。

孝經正義三卷

唐玄宗御註。汲古閣刻本。南昌學刻本。《四庫》著録。

孝經注解一卷

唐玄宗注、司馬光指解、范祖禹説合爲一書。《通志堂經解》本。丁杰云：「明皇所注者，今文馬、范所解説者，古文如何，合爲一書。」

孝經刊誤一卷

宋朱子撰。《經苑》本。《四庫》著録。

孝經大義一卷

元董鼎撰。《通志堂經解》本。《四庫》著録。

孝經定本一卷

元吴澄撰。《通志堂經解》本。《四庫》著録。

孝經句解一卷

元朱申撰。《通志堂經解》本。《四庫》存目。

孝經本義一卷

明吕維祺撰。《經苑》本。

孝經或問三卷

明吕維祺撰。《經苑》本。

孝經翼一卷

明吕維祺撰。《經苑》本。

孝經疑問一卷

明姚舜牧撰。《咫進齋叢書》本。《四庫》存目。

孝經集傳四卷

明黄道周撰。《石齋九種》本。《四庫》著録。

孝經問一卷

清毛奇齡撰。《西河全集》本。《經解續編》本。《四庫》著録。

孝經全注一卷

清李光地撰。《榕村全書》本。

孝經三本管窺一卷

清吴隆元撰。《朱氏叢書十三種》本。

孝經注一卷

清朱軾撰。《朱氏藏書十三種》本。《四庫》存目。

孝經約義一卷

清汪師韓撰。《叢睦汪氏遺書》本。

孝經外傳一卷

清周春撰。《藝海珠塵》本。

中文孝經一卷

清周春撰。《藝海珠塵》本。

孝經鄭注疏二卷

清皮錫瑞撰。光緒乙未自刻本。

孝經義疏補九卷

清阮福撰。《學海堂經解》本。《文選樓叢書》本。

孝經述注一卷

清丁晏撰。《頤志齋叢書》本。

孝經徵文一卷

清丁晏撰。《經解續編》本。

右經部孝經類三十種，四十七卷，重者不計。

經部九

爾雅類

爾雅十一卷

晉郭璞注。明崇禎中金蟠刻永懷堂《十三經古注》本。

爾雅三卷

晉郭璞注。《古逸叢書》仿宋蜀刻大字本。

爾雅圖贊二卷

晉郭璞注，馬國翰輯。《玉函山房叢書》本。光緒癸巳葉德輝刻嚴可均輯本。

爾雅圖四卷

晉郭璞注。嘉慶六年曾燠刻本。

爾雅注疏十一卷

晉郭璞注，宋邢昺疏。汲古閣刻本。南昌學刻本。《四庫》著録。

爾雅正義十卷

宋邢昺撰。光緒四年陸心源重刻北宋單疏本。

爾雅新義二十卷

宋陸佃撰。《粤雅堂叢書》本。

爾雅正義二十卷

清邵晉涵撰。《學海堂經解》本。乾隆戊申家塾刻本。

爾雅義疏二十卷

清郝懿行撰。同治四年懿行孫聯薇刻《遺書》本。《學海堂經解》本。湖北書局刻本。

爾雅漢注三卷

清臧庸輯。嘉慶七年《問經堂叢書》本。

釋宫小記一卷釋草小記一卷釋蟲小記一卷

清程瑶田撰。《學海堂經解》本。

爾雅釋義十卷釋地以下四篇注四卷

清錢坫撰。《經解續編》本。

爾雅補郭二卷

清翟灝撰。《咫進齋叢書》本。《經解續編》本。光緒壬午華陽傅世洵刻本。

爾雅小箋三卷

清江藩撰。《鄦齋叢書》本。

爾雅匡名二十卷

清嚴元照撰。光緒乙酉《湖州先哲遺書》本。《經解續編》本。廣雅書局本。

爾雅補註四卷

清周春撰。《觀古堂彙刻書》本。

爾雅古注斠録三卷

清女士葉蕙心撰。《小學類編》本。

爾雅注疏正誤五卷

清張宗泰撰。光緒庚寅《積學齋叢書》本。廣雅書局本。

爾雅補註一卷

清劉玉麐撰。《功順堂叢書》本。廣雅書局本。

爾雅經注集證三卷

清龍啟瑞撰。《經解續編》本。

爾雅直音二卷

清王筠撰。《天壤閣叢書》本。

爾雅詁二卷

清徐孚吉撰。《南菁書院叢書》本。

釋舟一卷

清洪亮吉撰。乾隆乙卯《卷施閣文集》本。曾孫用懃刻《北江遺書》本。

釋繒一卷

清任大椿撰。《學海堂經解》本。

釋服一卷

清宋翔鳳撰。《經解續編》本。

釋穀四卷

清劉寶楠撰。《廣雅叢書》本。

九族考一卷

清俞樾撰。《經解續編》本。《春在堂全書》本。

小爾雅一卷

漢孔鮒撰，宋宋咸注。王謨《漢魏叢書》本。

小爾雅疏八卷

晉李軌解，清王煦疏。光緒乙酉徐幹刻本。浙江書局本。

小爾雅訓纂六卷

清宋翔鳳撰。《經解續編》本。《廣雅叢書》本。《浮溪精舍叢書》本。

小爾雅疏證五卷

清葛其仁撰。《咫進齋叢書》本。

小爾雅義證十三卷

清胡承珙撰。《墨莊遺書》本。

補小爾雅釋度量衡一卷

清鄒伯奇撰。同治癸酉廣州刻《鄒徵君遺書》本。

弟子職箋釋一卷

清洪亮吉撰。曾孫用懃校刻《北江遺書》本。

弟子職集解一卷

清莊述祖撰。《式訓堂叢書》本。《槐廬叢書》本。江蘇局刻本。

弟子職正音一卷

清王筠撰。咸豐二年《鄂宰四種》本。《天壤閣叢書》本。

弟子職音誼一卷

清鍾廣撰。光緒十五年刻本。

弟子職句讀一卷補音一卷考證一卷

清黄彭年撰。江蘇局刻本。

右經部爾雅類三十八種，二百一十五卷。重者不計。

《崇雅堂書録》卷之二終

崇雅堂書録卷之三

潛江甘鵬雲藥樵編

經部十

石經類

漢石經一卷

漢蔡邕八分書。乾隆五十三年翁方綱南昌府學石刻本。

漢熹平石經殘字一卷

百一廬本。

唐石經十三部

西安碑林拓本。無卷數。

唐玄宗御注孝經一卷

拓本。

石經考一卷

清顧炎武撰。康熙中潘耒刻《亭林遺書》本。光緒庚寅成都局刻《石經彙函》本。光緒九年元尚居刻《石經彙函》本。《四庫》著録，入史部目録類。

石經考一卷

清萬斯同撰。省吾堂刻《經學四種》本。《四庫》著録，入史部目録類。

石經考異二卷

清杭世駿撰。乾隆丙辰《杭氏七種》本。《石經彙函》本。《四庫》著録，入史部目録類。

漢石經殘字考一卷

清翁方綱撰。《石經彙函》本。《後知不足齋叢書》本。

魏三體石經殘字考一卷

清孫星衍撰。《平津館叢書》本。《石經彙函》本。

漢魏石經考三卷

清劉傳瑩撰。光緒丙戌漢陽黄元吉刻本。

唐開成石經圖考一卷

清魏錫曾撰。光緒丙申繆荃蓀刻《藕香零拾》本。

唐石經校文十卷

清嚴可均撰。嘉慶甲子四録堂刻本。《石經彙函》本。

蜀石經殘字附校記題跋十卷

廬江劉氏體乾蜀石經齋影印本。《左傳》兩册，《周禮》三册，《公》、《穀》二傳并題跋五册。

蜀石經殘字一卷

清王昶撰。《石經彙函》本。百一廬本。

蜀石經校記二卷

清繆荃孫撰。《左傳》、《公羊》一卷，《周禮》二卷，《公》、《穀》一卷。宣統三年鄧實風雨樓活字本。

歷代石經略二卷

清桂馥撰。光緒九年吴重熹刻本。

北宋汴學篆隸二體石經記一卷

清丁晏撰。咸豐丁巳六藝堂刻《頤志齋全書》本。

石經考文提要十三卷

清彭元瑞撰。《石經彙函》本。《豫章叢書》本。

石經補考十一卷

清馮登府撰。《石經彙函》本。

歷代石經考七卷

近人張國淦撰。活字排印本。

右經部石經類二十種,七十卷,一種無卷數,重者不計。

經部十一

羣經總義類

古經解鉤沈三十卷

清余蕭客撰。道光庚子魯慶修補印本。乾隆間余氏原刻本。宜都楊氏激素飛青閣藏書。《四庫》著録。

漢魏遺書鈔一百八種

清王謨輯。嘉慶庚申家刻本。

玉函山房輯佚書經編三百五十二種

清馬國翰輯。光緒甲申季元瑞彙印本。

通德遺書六十四卷

漢鄭玄撰，孔廣林輯。光緒壬午山東官書局刻本。《六藝論》一卷，《周易》注十二卷，《尚書注》十卷，《尚書中候》六卷，《尚書大傳注》四卷，《毛詩譜》一卷，《三禮目録》一卷，《荅臨孝存周禮難》一卷，《魯禮禘祫義》一卷，《喪服變除》一卷，《箴膏肓》一卷，《起廢疾》一卷，《發墨守》一卷，《論語注》一卷，《論語弟子篇目》一卷，《駁五經異義》一卷，《孝經注》一卷，《叙録》一卷。

高密遺書十七卷

漢鄭玄撰，黄奭輯。道光中自刻《漢學堂叢書》本。《年譜》一卷，《六藝論》一卷，《易注》一卷，《尚書注》一卷，《尚書大傳注》一卷，《毛詩譜》一卷，《箴膏肓》一卷，《釋廢疾》一卷，《發墨守》一卷，《喪服變除》一卷，《駁五經異義》一卷，《答臨孝存周禮難》一卷，《三禮目録》一卷，《魯禘祫義》一卷，《論語注》一卷，《鄭志》一卷，《鄭記》一卷。

鄭氏遺書五種九卷

漢鄭玄撰。鮑氏《後知不足齋叢書》本。

鄭氏佚書七十卷

漢鄭玄撰，袁鈞輯。光緒戊子浙江局刻本。

《易注》九卷，《尚書注》九卷，《尚書中候》一卷，《尚書大傳注》三卷，《尚書五行傳注》一卷，《尚書畧記注》一卷，《毛詩譜》三卷，《三禮目録》一卷，《喪服變除》一卷，《魯禮禘祫義》一卷，《答臨碩周禮難》一卷，《箴膏肓》一卷，《釋廢疾》一卷，《發墨守》一卷，《孝經注》一卷，《論語注》一卷，《孔子弟子目録》一卷，《駁五經異義》十卷，《六藝論》一卷，《鄭志》八卷，《鄭記》一卷，《春秋服氏注》十二卷，《鄭君紀年》一卷。

六藝論一卷

漢鄭玄撰，清陳鱣輯。《涉聞梓舊》本。

鄭氏六藝論一卷

清臧琳輯。《鄦齋叢書》本。

駁五經異義一卷補遺一卷

漢鄭玄撰，王復、武億同輯。《問經堂叢書》本。《藝海珠塵》本。鮑廷爵刻《後知不足齋叢書》本。《四庫》著録。

五經異義二卷

漢許慎撰，清王謨輯。《漢魏遺書鈔》本。

五經異義疏證三卷

清陳壽祺撰。嘉慶癸酉王捷刻《陳氏遺書》本。《學海堂經解》本。

鄭志三卷補遺一卷

魏鄭小同記。《粵雅堂叢書》本。《古經解彙函》本。《後知不足齋》本。《四庫》著録。

鄭志考證一卷

清成蓉鏡撰。《南菁書院叢書》本。

鄭志疏證八卷鄭記考證一卷

清皮錫瑞撰。光緒己亥湖南思賢書局刻本。

五經通義一卷

漢劉向撰，洪頤煊輯，嘉慶九年孫馮翼刻《經典集林》本。又宋翔鳳輯，嘉慶甲戌《浮溪精舍叢書》本。

五經要義一卷

漢劉向撰，清洪頤煊輯，孫馮翼《經典集林》本。又宋翔鳳輯，嘉慶甲戌《浮溪精舍叢書》本。

以上羣經總義類古注之屬

程氏經説八卷

宋程子撰。吕留良寶誥堂刻本。《四庫》著録七卷。

七經小傳三卷

宋劉敞撰。《通志堂經解》本。《四庫》著録。

方舟經説六卷

宋李石撰。《涉聞梓舊》本。

六經奥論六卷

宋鄭樵撰。《通志堂經解》本。《四庫》著録。

六經天文編二卷

宋王應麟撰。康刻《玉海》附刻本。

六經圖六卷

宋楊甲撰。明萬曆間吴繼仕刊本。缺首卷，以郭若維本配之。《四庫》著録。

五經説七卷

元熊朋來撰。《通志堂經解》本。《四庫》著録。

十一經問對五卷

元何異孫撰。《通志堂經解》本。《四庫》著録。

五經蠡測六卷

明蔣悌生撰。《通志堂經解》本。《四庫》著録。

五經異文十一卷

明陳士元撰。《歸雲别集》本。《四庫》存目。

匏瓜録十一卷

明芮城撰。光緒甲申惲彦琦刻本。按，此書前九卷皆考證經義，十卷、十一卷論史。茲從其重者入于經部。

石渠意見四卷拾遺二卷補闕一卷

明王恕撰。《惜陰軒叢書本》。《四庫》存目。

升菴經説十四卷

明楊慎撰。《函海》本。

談經九卷

明郝敬撰。傳鈔本。鵬雲刻《崇雅堂叢書》本。《四庫》存目。

韋庵經説一卷

清周象明撰。《小石山房叢書》本。

五經問異三卷

清顧炎武撰。潘耒刻《亭林遺書》本。省吾堂《經學四種》本。

經問十八卷補三卷

清毛奇齡撰。《西河全集》本。《學海堂經解》本。《四庫》著録。

九經古義十六卷

清惠棟撰。《貸園叢書》本。省吾堂《經學四種》本。《學海堂經解》本。《四庫》著録。

羣經補義五卷

清江永撰。《學海堂經解》本。《四庫》著録。

助字辨略五卷

清劉文淇撰。咸豐六年楊以增刻本。

經考五卷

清戴震撰。光緒癸巳《鄦齋叢書》本。

六經圖十二卷

清鄭之僑撰。乾隆八年自刻本。

觀象授時十四卷

清秦蕙田撰。《學海堂經解》本。

經義雜記三十卷叙録一卷

清臧琳撰。《學海堂經解》本。

經學巵言六卷

清孔廣森撰。嘉慶丁丑刻《顨軒所著書》本。

十三經拾遺十六卷

清王朝榘撰。嘉慶五年自刻本。

羣經義證七卷

清武億撰。道光癸卯億孫耒重刻《授堂遺書》本。

通藝録四十二卷

清程瑶田撰。嘉慶八年家刻本。

詩書古訓六卷

清阮元撰。《粤雅堂叢書》本。《經解續編》本。

經傳小記三卷

清劉台拱撰。阮恩海刻《劉端臨遺書》本。《經解續編》本。

羣經宫室圖二卷

清焦循撰。《雕菰樓叢書》本。《經解續編》本。

九經説十七卷

清姚鼐撰。《惜抱軒全集》本。

隸經文四卷續一卷

清江藩撰。《粤雅堂叢書》本。

經義釋詞十卷

清王引之撰。《學海堂經解》本。《守山閣叢書》本。

經義述聞三十二卷

清王引之撰。嘉慶二年初刻。四册，不分卷本。共四百十七葉。嘉慶丙子阮元江西刻本。嘉慶二十年家刻本。《學海堂經解》本。

魯齋述得一卷

清丁傳撰。《藝海珠塵》本。

經義知新記一卷

清汪中撰。《學海堂經解》本。

羣經識小八卷

清李惇撰。《學海堂經解》本。

九經學三卷

清王聘珍撰。《仰視千七百九鶴齋叢書》本。

經傳攷證八卷

清朱彬撰。《學海堂經解》本。

介庵經説十卷補一卷

清雷淇撰。《畿輔叢書》本。

五經小學述二卷

清莊述祖撰。《學海堂經解》本。

考信録三十六卷

清崔述撰。陳履和刻《東壁遺書》本。《畿輔叢書》本。

拜經日記十二卷

清臧庸撰。《學海堂經解》本。

左海經辨二卷

清陳壽祺撰。道光癸未刻《陳氏遺書》本。

經義叢鈔三十卷

清嚴杰編。《學海堂經解》本。

説緯一卷

清王崧撰。《學海堂經解》本。

邃雅堂學古録七卷

清姚文田撰。道光元年家刻本。

周人經説四卷

清王紹蘭撰。《功順堂叢書》本。

王氏經説六卷

清王紹蘭撰。《功順堂叢書》本。

説學齋經説一卷

清葉鳳毛撰。《藝海珠塵》本。

松源經説四卷

清孫之騄撰。《孫晴川八識》本。《四庫》存目。

頑石廬經説十卷

清徐養原撰。《經解續編》本。

毄經筆記一卷

清陳倬撰。《槐廬叢書》本。

安甫遺學三卷

清江承之撰。《南菁書院叢書》本。

讀經説一卷

清丁晏撰。《頤志齋叢書》本。

娛親雅言六卷

清嚴元照撰。《湖州先哲遺書》本。

經書算學天文考一卷

清陳懋齡撰。《學海堂經解》本。

十三經詁答問六卷

清馮登府撰。《學海堂經解》本。《槐廬叢書》本。

遠春樓讀經筆存二卷

清汪科爵撰。《叢睦汪氏遺書》本。

禮堂經説二卷

清陳喬樅撰。同治元年彙印《陳氏遺書》本。《經解續編》本。

吳氏遺著五卷

清吳夌雲撰。廣雅書局刻本。

讀書瑣記一卷

清鳳韶撰。《藝海珠塵》本。

鳳氏經説三卷

清鳳韶撰。《粵雅堂叢書》本。

句溪雜著四卷

清陳立撰。同治甲子自刻本。湖南思賢講舍本。《廣雅叢書》本。

開有益齋經説五卷

清朱緒曾撰。《經解續編》本。

十三經札記二十二卷

清朱亦棟撰。光緒戊寅浙江竹簡齋刻本。

經説略二卷

清黄式三撰。《經解續編》本。

實事求是齋經説二卷

清朱大韶撰。《經解續編》本。

巢經巢經説一卷

清鄭珍撰。《經解續編》本。

劉貴陽經説一卷

清劉書年撰。《滂喜齋叢書》本。《經解續編》本。

羣經平議三十五卷

清俞樾撰。《經解續編》本。《俞氏叢書》本。

羣經賸義一卷

清俞樾撰。《南菁書院叢書》本。《俞氏叢書》本。

茶香室經説十六卷

清俞樾撰。《春在堂叢書》本。

心巢文録二卷駉思室答問一卷

清成蓉鏡撰。《南菁書院叢書》本。

經述三卷

清林頤山撰。《經解續編》本。

漢碑徵經一卷

清朱百度撰。廣雅書局本。

漢碑徵經六卷

清皮錫瑞撰。光緒癸巳思賢書局刻本。

經義莛撞四卷讀經瑣記一卷

清易順鼎撰。光緒甲申自刻本。

以上羣經總義類諸經注解之屬

授經圖二十卷

明朱睦㮮撰。《惜陰軒叢書本》。《四庫》著録，入史部目録類。

儒林譜一卷

明焦袁熹撰。《藝海珠塵》本。

經義考三百卷

清朱彝尊撰。乾隆二十年馬曰璐刻，一百六十七卷，盧見曾刻一百三十卷。《四庫》著録，入史部目録類。

經義考補正十二卷

清翁方綱撰。乾隆五十七年家刻本。《粤雅堂叢書》本。

十三經注疏姓氏一卷

清翁方綱撰。《蘇齋叢書》本。

建立伏博士始末二卷

清孫星衍撰。《平津館叢書》本。

國朝漢學師承記八卷經師經義目録一卷

清江藩撰。《粤雅堂叢書》本。

十三經注疏瑣語四卷

清沈淑撰。鮑氏《後知不足齋叢書》本。

漢學商兑四卷

清方東樹撰。浙江局刻本。光緒十年甯鄉成氏刻本。

漢學商兑補義一卷

清方東樹撰。成氏刻本。

五經贊一卷

清陸榮秬撰，徐堂注。《藝海珠塵》本。

傳經表一卷通經表一卷

清畢沅撰。光緒庚辰《式訓堂叢書》本。《北江遺書》有《傳經表》二卷、《通經表》二卷。

兩漢五經博士攷三卷

清張金吾撰。鮑氏《後知不足齋叢書》本。愛日精廬自刻本。

新學僞經攷十四卷

清康祖貽撰。康氏萬木草堂自刻本。

以上羣經總義類記載目録之屬

五經文字三卷

唐張參撰。西安唐開成石經附刻本。乾隆馬曰璐叢書樓刻本。日本仿宋拓刻本。乾隆戊子《微波榭叢書》本，附《五經文字疑》一卷。嘉慶癸亥《正誼齋叢書》本。道光二十九年顧修彙印《小玲瓏山館叢書》本，即馬刻本。鮑氏《後知不足齋叢書》本。《四庫》著録。

九經字樣一卷

唐唐元度撰。西安唐開成石經附刻本。馬曰璐叢書樓本。日本仿宋拓刻本。乾隆戊子《微波榭叢書》本，附《九經字樣疑》一卷。嘉慶癸亥《正誼齋叢書》本。道光二十九年顧修彙印馬氏《小玲瓏山館叢書本》。鮑氏《後知不足齋叢書》本。《四庫》著録。

六經正誤六卷

宋毛居正撰。《通志堂經解》本。《四庫》著録。

刊正九經三傳沿革例一卷

宋岳珂撰。乾隆乙未孔繼涵校本。乾隆五十二年任大椿刻本。乾隆五十三年《知不足齋叢書》本。《粤雅堂叢書》本。湖北局本。吴興張氏《擇是居叢書》本。《四庫》著録。

五經異文十一卷

明陳士元撰。《歸雲别集》本。《四庫》存目。

五經異同三卷

清顧炎武撰。《亭林遺書》本。

九經誤字一卷

清顧炎武撰。《亭林遺書》本。《經解續編》本。《四庫》著録。

七經孟子考文補遺一百九十九卷

日本山井鼎撰，物觀補遺。日本享保十年刻本，即康熙七年。嘉慶二年《文選樓叢書》本。《四庫》著録。

經典文字辨證五卷

清畢沅撰。《經訓堂叢書》本。

羣經字考十卷

清吴東發撰。嘉慶丙寅子本履校刻本。

註疏考證六卷

清齊召南撰。《學海堂經解》本。

十三經注疏校勘記二百四十三卷

清阮元撰。嘉慶二十一年南昌《十三經注疏》附刻本。《學海堂經解》本。

十三經證異七十九卷

清萬希槐撰。黄岡蕭氏活板本。

以上羣經總義類文字之屬

經典釋文三十卷

唐陸德明撰。《通志堂經解》本。乾隆五十六年抱經堂刻本，附《孟子音義》。同治八年崇文書局本。《四庫》著録。

經典文字攷異三卷

清錢大昕撰。《古學彙刊》本。

經典釋文攷證三十卷

清盧文弨撰。抱經堂刻本。

陸氏經典異文輯六卷陸氏經典異文補六卷

清沈淑撰。鮑氏《後知不足齋叢書》本。

經典釋文補略例一卷

清汪遠孫撰。《振綺堂叢書》本。

九經韻補一卷

宋楊伯嵒撰。嘉慶四年《汗筠齋叢書》本，附《考證》一卷。《粤雅堂叢書》本。《後知不足齋叢書》本。

羣經音辨七卷

宋賈昌朝撰。康熙甲午張士俊刻《澤存堂五種》本。咸豐甲寅《粤雅堂叢書》重刻張本。

光緒甲申蔣鳳藻《鐵華館叢書》仿刻張本。《畿輔叢書》本。《四庫》著録。

明州本排字九經直音二卷

元無撰人名氏。光緒庚辰《十萬卷樓叢書》本。《四庫》著録。

蜀大字本三經音義四卷

《論》、《孟》、《孝經》。清黄丕烈刻《士禮居叢書》本。

經讀攷異八卷

清武億撰。乾隆己酉子穆淳刻《授堂遺書》本。道光癸卯億孫耒重刻《授堂遺書》本。《學海堂經解》本。

十三經音略十二卷

清周春撰。《粤雅堂叢書》本。

漢魏音四卷

清洪亮吉撰。《北江全集》本。曾孫用懃校刻《北江遺書》本。

以上羣經總義類音義之屬。

右經部羣總義類一百三十九種，二千三百七十二卷，重者不計。

經部十二

小學類

說文解字三十卷

漢許慎撰，宋徐鉉校補，新附并增音切。明毛晉汲古閣刻北宋大字本。乾隆癸巳朱筠椒花吟館〔一〕重刻毛本。嘉慶甲子孫星衍平津館仿刻北宋小字本。嘉慶丙寅額勒布藤花榭仿刻北宋中字本。《小學彙函》重刻孫本。光緒七年淮南書局刻毛扆四次校定本。同治十二年陳昌治刊一字一行本，附《通檢》六卷。《四庫》著録。

〔一〕「館」，當作「舫」。

説文繫傳四十卷
南唐徐鍇撰。道光十九年祁寯藻重刻影宋鈔本。《小學彙函》重刻祁本。光緒元年姚覲元仿刻祁本。《四庫》著録。

説文篆韵譜十卷
南唐徐鍇撰。同治甲子馮桂芬仿宋刻本。《小學彙函》重刻馮本。《函海》本，五卷。《四庫》著録，五卷。

説文五音韵譜十二卷
宋李燾撰。明刻本。《四庫》存目，十卷。

説文廣義三卷
清王夫之撰。《船山遺書》本。

説文解字注三十卷部目分韻一卷六書音韵表五卷
清段玉裁撰。嘉慶己亥家刻本。《學海堂經解》本。同治六年蘇州補刻本。

汲古閣説文訂一卷

清段玉裁撰。湖北書局刻本。《咫進齋叢書》本。

説文舊音一卷

清畢沅撰。《經訓堂叢書》本。咸豐壬子李祖望主刻《小學類編》本。

説文音同義異辨一卷

清畢沅撰。《經訓堂叢書》本。

説文斠詮十四卷

清錢坫撰。嘉慶己卯自刻本。光緒九年淮南書局重刻本。

惠氏讀説文記十四卷

清惠棟撰。《小學類編》本。

説文義證五十卷

清桂馥撰。湖北書局刻本。

説文解字校録三十卷

清鈕樹玉撰。江蘇書局刻本。

説文段注訂八卷

清鈕樹玉撰。道光四年自刻本。

説文新附考六卷續考一卷

清鈕樹玉撰。嘉慶三年自刻本。

説文新補新附考證一卷

清錢大昭撰。《積學齋叢書》本。

説文辨疑一卷

清顧廣圻撰。湖北書局刻本。《翠琅玕館叢書》本。光緒甲申雷浚刻本，附劉禧延《劉氏碎金》一卷。

説文校議三十卷

清嚴可均、姚文田同撰。咫進齋刻本。《小學類編》本。

説文聲類二卷

清嚴可均撰。《經解續編》本。

説文聲系十四卷

清姚文田撰。《粤雅堂叢書》本。

説文四聲易知録四卷

清姚文田撰。嘉慶壬申自刻本。

釋人注一卷

清孫星衍撰，孫馮翼注。《問經堂叢書》本。

釋人疏證二卷

清孫星衍撰，葉德輝疏證。觀古堂自刻本。

說文古本攷十四卷

清沈濤撰。光緒甲申潘祖蔭滂喜齋刻單行本。

說文古籀疏證六卷

清莊述祖撰。《功順堂叢書》本。

說文凝錦録一卷

清萬光泰撰。光緒壬午葛氏學古齋刻本。

說文正字二卷

清孫馮翼撰。問經堂自刻本。

六書說一卷

清江聲撰。《小學類編》本。董金鑑重印《琳瑯秘室叢書》本。

說文答問一卷

清錢大昕撰。《小學類編》本。

說文答問疏證六卷

清薛傳均撰。《咫進齋叢書》本。

說文音韻表二十卷

清江沅撰。《經解續編》本。

說文部首分韻一卷

清陳奂撰。《說文段注》附刻本。

說文釋例二卷

清江沅撰。《小學類編》本。《翠琅玕館叢書》本。

說文疑疑二卷
清孔廣居撰。嘉慶壬戌自刻本。
說文句讀二十卷
清王筠撰。道光二十四年家刻本。子彦侗刻本。
說文釋例三十卷補正三十卷
清王筠撰。咸豐九年子彦侗刻本。
說文繫傳校録三十卷
清王筠撰。子彦侗刻本。
說文篆韻譜校五卷
清王筠撰。光緒庚寅外孫劉嘉禾刻本。
文字蒙求四卷

清王筠撰。道光丙午家刻本。光緒己卯會稽章氏刻本。

說文蒙求六卷

清劉庠撰。《豫章叢書》本。

說文諧聲譜五十八卷

清張成孫撰。《經解續編》本。

說文漢學諧聲二十四卷補攷一卷又一卷

清戚學標撰。嘉慶九年自刻本。

說文諧聲孳乳述十七卷

清陳立撰。《郘齋叢書》本。

說文辨字正俗八卷

清李富孫撰。嘉慶丙子刻本。思賢書局刻本。

說文字原韻表二卷
清胡重撰。嘉慶辛未金孝柏刻本。
說文羣經正字二十八卷
清邵瑛撰。嘉慶丙子刻本。
說文通檢十四卷
清毛謨編。嘉慶二十四年成都刻本。
說文通檢十六卷
清黎永椿撰。光緒五年刻本。
說文檢字二卷補遺一卷
清姚覲元重編。《咫進齋叢書》本。
說文引經考二卷

清吴玉搢撰。《咫進齋叢書》本。

說文引經考證八卷

清陳瑑撰。湖北書局刻本。

說文舉例一卷

清陳瑑撰。《許學叢書》本。

說文經字考一卷

清陳壽祺撰。《小學類編》本。

說文經典異字釋一卷

清高翔麟撰。光緒癸未萬卷樓刻本。

轉注古義考一卷

清曹仁虎撰。《藝海珠塵》本。

六書轉注録十卷

清洪亮吉撰。《粤雅堂叢書》本。《許學叢書》本。《北江遺書》本。

説文雙聲疊韻譜一卷

清鄧廷楨撰。道光己亥自刻本。《後知不足齋叢書》本。

説文管見三卷

清胡秉虔撰。《滂喜齋叢書》本。《翠琅玕館叢書》本。

説文建首字讀一卷

清苗夔撰。咸豐辛亥家刻本。

説文聲讀表七卷

清苗夔撰。道光壬寅家刻本。《學海堂經解》本。《天壤閣叢書》本。

説文新附考六卷

清鄭珍撰。《咫進齋叢書》本。光緒辛巳華陽傅世洵刻本。

説文逸字二卷附録一卷補遺一卷

清鄭珍撰，《附録》、《補遺》子知同撰。同治五年家刻《遺書》本。湖南刻本。

説文木部箋異一卷

清莫友芝撰。同治二年金陵刻本。

説文本經答問二卷

清鄭知同撰。廣雅書局刻本。

讀説文記一卷

清王念孫撰。《許學叢書》本。按此從《讀書雜志》分出。

説文古語考一卷

清程琰撰，後更名際盛。乾隆五十六年活字印本。

説文校定本二卷

清朱士端撰。《咫進齋叢書》本。

説文段注札記一卷

清龔自珍撰。《觀古堂彙刻書》本。

説文段注札記一卷

清徐松撰。《觀古堂彙刻書》本。

説文段注抄按一卷

清桂馥撰。《觀古堂彙刻書》本。

讀説文雜識一卷

清許棫撰。光緒七年湖北刻本。

劉氏遺書一卷

清劉禧延撰。《滂喜齋叢書》本。

說文審音十六卷

清張行孚撰。《漸西村舍叢書》本。卷八、卷十、卷十一、卷十三原闕。

說文外編十六卷

清雷浚撰。光緒二年家刻本。

說文引經例辨三卷

清雷浚撰。光緒甲申家刻本。

說文職墨三卷

清于鬯撰。《南菁書院叢書》本。

說文提要一卷

清陳建侯編。同治十一年武昌刻本。

説文古籀補十四附録一卷

清吴大澂撰。光緒辛巳原刻本。思賢書局刻本。

字説一卷

清吴大澂撰。光緒癸巳湖南書局刻本。思賢講舍刻本。

六書系韵二十四卷檢字二卷

清李貞撰。光緒十六年自刻本。

兒笘録四卷

清俞樾撰。《春在堂叢書》本。

古籀拾遺三卷叙録一卷

清孫詒讓撰。光緒戊子自刻本。

説文逸字辨證二卷

清李楨撰。思賢書局刻本。

説文舊音補注一卷補遺一卷續一卷

近人胡玉搢撰。《南菁書院叢書》本。

説文部首韵語一卷

近人章炳麟撰。《章氏叢書》本。

六書古微十卷

近人葉德輝撰。觀古堂自刻本。

説文二徐箋異十四卷

近人田潛撰。宣統元年石印本。

一切經音義引説文箋八卷

近人田潛撰。自刻本。

説文定聲四十一卷

近人張長撰。自刻本。

以上小學類《説文解字》之屬

方言注十三卷

舊題漢揚雄撰，晉郭璞注。王謨《漢魏叢書》本。同治十二年鍾謙鈞《小學彙函》本，附《校正補遺》一卷。武昌局本。《抱經堂叢書》本。《四庫》著録。

博雅音十卷

隋曹憲撰。《畿輔叢書》本。

方言疏證十三卷

清戴震撰。乾隆戊戌《戴氏遺書》本。

方言箋疏十三卷

清錢繹撰。光緒庚寅《積學齋叢書》本。廣雅書局刻本。

方言校補一卷

清劉台拱撰。劉恩海刻《劉端臨遺書》本。

方言十三卷

清郭慶藩校刻本。取戴東原攷正本、盧召弓校正本合刊。

續方言二卷

清杭世駿撰。乾隆壬子世駿子賓仁刻《杭氏七種》本。《藝海珠塵》本。湖南思賢講舍刻本。《四庫》著録。

續方言補正一卷

清程際盛撰。《藝海珠塵》本。湖南思賢講舍刻本。

續方言又補二卷

清徐乃昌撰。光緒癸巳《鄦齋叢書》本。

釋名八卷

漢劉熙撰。明天啟丙寅郎奎金刻《五雅》本，改題《逸雅》。王謨《漢魏叢書》本。《小學彙函》本。《四庫》著録。

釋名疏證八卷補遺一卷

清畢沅撰。《經訓堂叢書》本。《經訓堂叢書》刻篆書本。《書目答問》題江聲。廣雅書局刻本。

續釋名一卷

清江聲撰。《經訓堂叢書》刻篆書本。

釋名補證一卷

清成蓉鏡撰。《南菁書院叢書》本。

釋名疏證補八卷

清王先謙撰。光緒丙申思賢書局刻本。

廣釋名二卷

清張金吾撰。《粤雅堂叢書》本。《知不足齋叢書》本。

廣雅十卷

魏張揖撰。王謨《漢魏叢書》本。《小學彙函》刻《格致叢書》本。《四庫》著録。

廣雅疏證十卷音義十卷

清王念孫撰。《學海堂經解》本。《畿輔叢書》本。

廣雅釋詁疏證拾遺一卷

清俞樾撰。《春在堂全書》本。

匡謬正俗八卷

唐顔師古撰。《雅雨堂叢書》本。《藝海珠塵》本。《小學彙函》重刻盧本。湖北局本。《四庫》著録。

埤雅二十卷

宋陸佃撰。康熙庚辰顧棫刻本。《四庫》著録。

爾雅翼三十二卷

宋羅願撰。明畢效欽刻《五雅》本。《四庫》著録。

駢雅七卷

明朱謀瑋撰。《豫章叢書》本。《四庫》著録。

駢雅訓纂十六卷

明朱謀瑋撰，魏茂林訓纂。光緒辛巳成都瀹雅齋刻本。

比雅十九卷

清洪亮吉撰。《粤雅堂叢書》本。曾孫用懃校刻《北江遺書》本。

駢字分箋二卷

清程際盛撰。《藝海珠塵》本。

別雅五卷

清吴玉搢撰。原刻本。《四庫》著録。

別雅訂五卷

清許瀚撰。《滂喜齋叢書》本。

經籍纂詁并補遺二百十六卷

清阮元撰。嘉慶四年揚州原刻本。

一切經音義一百卷

唐釋慧琳撰。日本元文二年白蓮社刻本。

一切經音義二十五卷

唐釋玄應撰。乾隆丙午莊逵吉刻本。道光乙巳《海山仙館叢書》本。

華嚴經音義四卷

唐釋慧苑撰。《粤雅堂叢書》本。

韵雅一卷

清俞樾撰。《春在堂全書》本。

新方言十一卷

近人章炳麟撰。《章氏叢書》本。

以上小學類訓詁之屬

急就章一卷

漢史游撰。《古佚叢書》刻唐卷子本。陳氏《獨抱廬叢書》本。

急就章攷異一卷

清孫星衍撰。《小學彙函》本。岱南閣刻本。

急就章攷異一卷

清鈕樹玉撰。《功順堂叢書》本。《靈鶼閣叢書》本。

急就章攷異一卷

清莊世驥撰。廣雅書局刊本。

急就篇注四卷

唐顔師古注，宋王應麟補注。康刻《玉海》附刻本。《小學彙函》本。《天壤閣叢書》本。《四庫》著録。

倉頡篇三卷

漢揚雄訓纂，杜林訓纂，孫星衍輯。光緒庚寅江蘇書局刻本。岱南閣刻本。

倉頡篇三卷

清陳其榮撰。光緒壬辰《觀自得齋叢書》本。

倉頡篇輯斠證三卷

清王仁俊撰。光緒丙午自刻本。

字林考逸八卷

晉吕忱撰，清任大椿考逸。乾隆四十七年《燕喜堂四種》本。光緒七年章氏式訓堂刻本。

字林考逸補一卷

清陶方琦輯。式訓堂刻本。光緒庚寅諸可寶校刻本。

玉篇四卷

梁顧野王撰。《古佚叢書》刻唐卷子本。

玉篇一卷

梁顧野王撰。日本明治十六年影刻高山寺唐卷子本。

重修玉篇三十卷

梁顧野王撰，唐孫强增加，宋大中祥符六年陳彭年奉敕重修。康熙甲申張士俊刻《澤存堂五種》本。道光三十年鄧顯鶴重刻張本。《小學彙函》重刻張本。《四庫》著録。

干禄字書一卷

唐顔元孫撰。《後知不足齋叢書》本。《四庫》著録。

汗簡三卷目録敘略一卷

宋郭忠恕撰。康熙癸未汪立名刻本。光緒九年上海影刻汪本。《四庫》著録。

汗簡箋正八卷

清鄭珍撰。廣雅書局本。

佩觿三卷

宋郭忠恕撰。康熙庚寅張士俊刻《澤存堂五種》本。光緒乙酉蔣鳳藻《鐵華館叢書》重刻張本。《四庫》著録。

古文四聲韻五卷

宋夏竦撰。乾隆己亥汪啟淑刻本。按，此書以《汗簡》分韻重編。《四庫》著録。

類篇四十五卷

宋司馬光撰。康熙間曹寅《楝亭五種》本。光緒丙子姚覲元重刻曹楝亭本。《四庫》著録。

五音類聚四聲篇十五卷

金韓道昭撰。明成化丁亥刻本。《四庫》存目，題《四聲篇海》。

歷代鐘鼎款識法帖二十卷

宋薛尚功撰。嘉慶二年阮元刻本。光緒三十三年劉世珩重刻平津館舊藏足本。《四庫》著録。

王復齋鐘鼎款識一卷

宋王厚之撰。嘉慶七年阮元刻本。

復古篇二卷

宋張有撰。乾隆四十三年葛鳴陽刻本。光緒八年淮南書局重刊葛本，有《校正》一卷，《附録》一卷。《四庫》著録。

漢隸字源六卷

宋婁機撰。汲古閣刻本。咫進齋重刻汲古閣本。《四庫》著録。

隸韻十卷考證三卷碑目一卷

宋劉球撰，《考證》、《碑目》翁方綱撰。嘉慶十五年秦恩復校刻本。

字通一卷

宋李從周撰。《知不足齋叢書》本。《藝海珠塵》本。《四庫》著録。

六書故三十三卷

宋戴侗撰。乾隆四十九年李調元刻本。《四庫》著録。

龍龕手鑑四卷

遼僧行均撰。《函海》本。《正誼齋叢書》本。《四庫》著録。

續復古編四卷

元曹本撰。光緒十二年姚覲元仿元刻硃印本。

續古篆韻六卷

元吾丘衍撰。道光六年《獨抱廬叢書》本。

字鑑五卷

元李文仲撰。康熙戊子張士俊刻《澤存堂五種》本。《鐵華館叢書》重刻張本。《四庫》

著録。

説文字原一卷六書正譌五卷

元周伯琦撰。嘉慶元年于氏刻本。明十竹齋刻本。《四庫》著録。

古俗字略七卷

明陳士元撰。明刻《歸雲别集》本。吴刻《歸雲别集》本。《四庫》存目。

六書精藴六卷音釋一卷

明魏校撰。明刻本。《四庫》存目。

字孿四卷

明葉秉敬撰。明潘之淙、之湛刻本，無年月。馬曰璐叢書樓刻本。《四庫》著録。

康熙字典四十二卷

清康熙五十五年張玉書奉敕撰。内府刻本。外省覆内府本。《四庫》著録。

六書通十卷

清閔齊伋撰，畢弘述篆。康熙庚子刻本。《四庫》存目。

廣金石韻府五卷

清林尚葵、李根同撰。康熙九年周亮工序刻朱墨本。

隸辨八卷

清顧藹吉撰。康熙戊戌項氏玉淵堂原刻本。乾隆癸亥天都黄晟刻本。《四庫》著録。

鐘鼎字源五卷

清汪立名撰。康熙五十五年一隅草堂刻本。《四庫》存目。

小學鈎沈十九卷

清任大椿撰。嘉慶二十二年汪廷珍刻本。《翠琅玕館叢書》本。

積古齋鐘鼎彝器欵識十卷

清阮元撰。嘉慶九年自刻本。《後知不足齋叢書》本。光緒壬午抱芳閣刻本。

繆篆分韵五卷續一卷

清桂馥撰。乾隆己酉自刻本。歸安姚覲元刻本。

隸篇十五卷續十五卷再續十五卷

清翟云升撰。道光十八年自刻本。

隸通二卷

清錢慶曾撰。《鄦齋叢書》本。

楷法溯源十四卷

清楊守敬撰。觀海堂自刻本。

名原二卷

清孫詒讓撰。光緒乙巳自刻本。

筠清館金文五卷

清吴榮光撰。道光壬寅自刻本。

古文審八卷

清劉心源撰。光緒十七年嘉魚劉氏龍江樓自刻本。

吉金文述二十卷

清劉心源撰。嘉魚劉氏自刻本。

樂石文述十二卷

清劉心源撰。稿本。

文源十二卷附録二卷

近人林義光撰。閩縣林氏寫印本。

小學答問一卷

近人章炳麟撰。《章氏叢書》本。

文始九卷

近人章炳麟撰。《章氏叢書》本。

以上小學類字書之屬

唐韻一卷

康孫恤撰。光緒戊申蔣斧影刻唐卷子本。

原本廣韻五卷

唐無撰人名氏。《古佚叢書》仿刻元泰定本。《小學彙函》本。《四庫》著録。

重編廣韻五卷

明嘉靖己酉益王府刻本。

重修廣韻五卷

宋陳彭年奉敕撰。張刻《澤存堂五種》本。《小學彙函》重刻張本。《古佚叢書》仿刻宋本。《四庫》著録。

集韻十卷

宋丁度撰。光緒二年姚覲元重刻曹楝亭本。《四庫》著録。

集韻考正十卷

清方成珪撰。光緒己卯《永嘉叢書》本。

切韻指掌圖二卷檢例一卷

宋司馬光撰。光緒戊寅《十萬卷樓叢書》本。《四庫》著録。

韻補五卷

宋吴棫撰。楊墨林刻《連筠簃叢書》本。邵武徐幹刻本。《四庫》著録。

韻鏡一卷

宋張麟之撰。《古佚叢書》重刻日本永禄本。

附釋文互註禮部韻略五卷貢舉條式一卷

宋丁度撰。光緒二年姚覲元重刻曹楝亭本。《四庫》著録。

五音集韻十五卷

金韓道昭撰。明成化庚寅重刻元本。《四庫》著録。

經史正音切韵指南一卷

元劉鑑撰。明弘治九年刻本。《四庫》著録。

古今韻會舉要三十卷

元熊忠撰。明嘉靖乙未李愚谷刊本。《四庫》著録。

篇韻貫珠集一卷

明釋性德撰。弘治戊午刻本。《四庫》存目。

四聲等子一卷

無撰人名氏。《粤雅堂叢書》本。《咫進齋叢書》本。《四庫》著録。

洪武正韵十六卷

明樂韶鳳等修。明崇禎庚午刻本。《四庫》著録。

轉注古音略五卷古音叢目五卷古音獵要五卷古音餘五卷奇字韵五卷古音略例一卷古音駢字五卷古音複字五卷

明楊慎撰。《函海》本。《四庫》著録。

毛詩古音考四卷屈宋古音義三卷

明陳第撰。明刻《一齋全集》本。清張裕釗刻本。《學津討源》本。

音論三卷

清顧炎武撰。康熙六年自刻《音學五書》本。《學海堂經解》本。光緒乙酉觀稼樓刻本。《四庫》著録。

詩本音十卷

清顧炎武撰。自刻《音學五書》本。《學海堂經解》本。觀稼樓刻本。《四庫》著録。

易音三卷

清顧炎武撰。自刻《音學五書》本。《學海堂經解》本。觀稼樓刻本。《四庫》著録。

唐韻正二十卷

清顧炎武撰。自刻《音學五書》本。觀稼樓刻本。《四庫》著録。

古音表二卷

清顧炎武撰，附《唐韻正》後。觀稼樓刻本。《四庫》著録。

韻補正一卷

清顧炎武撰。潘耒刻《亭林遺書》本。《四庫》著録。

類音八卷

清潘耒撰。康熙原刻本。《四庫》存目。

唐韻考五卷

清紀容舒撰。光緒四年定州王氏刻《畿輔叢書》本。《守山閣叢書》本。《四庫》著録。

伸顧一卷

清易本烺撰。《湖北叢書》本。

古今韻略五卷

清邵長蘅撰。康熙丙子宋犖刻本。

韻學要指十一卷

清毛奇齡撰。《西河全集》本。《四庫》存目。

易韻四卷

清毛奇齡撰。《西河全集》本。《四庫》著録。

榕村韻書五卷

清李光地撰。《榕村全書》本。

古韻標準四卷

清江永撰。《貸園叢書》本。《粤雅堂叢書》本。《守山閣叢書》本。《四庫》著録。

四聲切韻表一卷

清江永撰。《貸園叢書》本。《粤雅堂叢書》本。光緒二年李明墀刻本。《四庫》存目。

音學辨微一卷

清江永撰。國學保存會景印手稿本。

聲韻考四卷

清戴震撰。《戴氏遺書》本。《貸園叢書》本。乾隆丙申段玉裁刻《經韻樓全集》本。

聲類表十卷

清戴震撰。《戴氏遺書》本。

聲類四卷

清錢大昕撰。《粤雅堂叢書》本。光緒重刻《潛研堂全書》本。

風雅遺音二卷

清史榮撰。《畿輔叢書》本。

沈氏四聲考一卷

清紀昀撰。《畿輔叢書》本。

官韻考異一卷

清吴省欽撰。《藝海珠塵》本。

古今韻考四卷

清李因篤撰。《咫進齋叢書》本。

古韻論三卷

清胡秉虔撰。《滂喜齋叢書》本。

古音類表九卷

清傅壽彤撰。光緒丙午薛成榮刊本。

歌麻古韻考四卷

清苗夔撰。《畿輔叢書》本。

古韻通説二十卷

清龍啟瑞撰。光緒癸未四川尊經書院刻本。

韵歧五卷

清江昱撰。光緒七年湖北刻本。《四庫》存目四卷。

養默山房詩韵六卷

清謝元淮撰。道光己酉刻本。

韵府鉤沈五卷

清雷浚撰。光緒十三年家刻本。

切韵考六卷外篇三卷

清陳澧撰。光緒壬午家刻本。《東塾叢書》本。

以上小學類韻書之屬

李氏蒙求三卷

唐李瀚撰，并自注。日本刻《佚存叢書》本。光緒己卯吴門書坊重印日本《佚存叢書》本。

千字文一卷

梁周興嗣撰。道光癸卯衡州常氏潭印閣石刻歐陽詢小楷本。

續千字文一卷

宋侍其良器撰。光緒辛丑《雲自在龕叢書》仿宋刻本。

敘古千文一卷

宋胡寅撰。《粤雅堂叢書》本。

千文三續一卷

宋葛剛正撰。楊以增仿宋刻本。光緒丁酉《常州先哲遺書》本。

十七史蒙求十七卷

宋王令撰。康熙庚寅程宗璵刻本。

純正蒙求三卷

元胡雲峰撰。光緒庚辰黄廷金刊本。

左氏蒙求一卷

元吴化龍撰。《藝海珠塵》本。

唐氏蒙求三卷

清唐仲冕撰。同治五年善化楊氏問竹軒刻本。

虚字説一卷

清袁仁林撰。《惜陰軒叢書本》。

六藝綱目二卷

元舒天民撰。咸豐三年楊以增刻本。光緒乙酉湘陰郭氏刻本。《四庫》著録。

經書源流歌訣一卷

清李鍾倫撰。乾隆癸亥家刻本，附《榕村全書》。下同。

三禮儀制歌訣一卷

清李鍾倫撰。乾隆癸亥家刻本。

歷代姓系歌訣一卷

清李鍾倫撰。乾隆癸亥家刻本。

廿一史提綱歌二卷

清李兆洛撰。江楚書局本。

以上小學類雜書之屬

右經部小學類二百四十一種，二千三百六十二卷，重者不計。

經部十三

緯候類

乾坤鑿度二卷

漢鄭玄撰。《藝海珠塵》本。武英殿聚珍版本。《古經解彙函》重刻殿本。《四庫》著録。

乾鑿度二卷

漢鄭玄撰。武英殿聚珍版本。《雅雨堂叢書》本。《古經解彙函》重刻殿本。《四庫》著録。

稽覽圖二卷

漢鄭玄撰。武英殿聚珍版本。《藝海珠塵》本。《古經解彙函》重刻殿本。《四庫》著録。

辨終備一卷

武英殿聚珍版本。《古經解彙函》重刻殿本。《四庫》著録。

乾元序制記一卷

武英殿聚珍版本。《古經解彙函》重刻殿本。《四庫》著録。

是類謀一卷

漢鄭玄撰注。武英殿聚珍版本。《藝海珠塵》本。《古經解彙函》重刻殿本。《四庫》

著録。

通卦驗二卷

武英殿聚珍版本。《古經解彙函》重刻殿本。《四庫》著録。

坤靈圖一卷

武英殿聚珍版本。《古經解彙函》重刻殿本。《四庫》著録。

古微書三十六卷

明孫瑴編。《守山閣叢書》本。《四庫》著録。

七緯三十六卷

清趙在翰撰。按，此書末卷有木記云：「皇清嘉慶九年，小石山房刊。」凡十二字。蓋九年始開雕，至十四年而成，故書面年月稱十四年。

詩緯集證四卷

清陳壽祺撰。道光丙午刻本。

漢碑徵緯一卷

清皮錫瑞撰。光緒癸巳思賢書局刻本。

右經部緯候類十二種，八十九卷。重者不計。

《崇雅堂書録》卷之三終

崇雅堂書録卷之四

潛江甘鵬雲藥樵編

史部一

正史類

史記一百三十卷

漢司馬遷撰。同治五年江南局本，《集解》、《索隱》合刻。萬曆二十四年南監馮夢禎校本，《集解》、《索隱》、《正義》合刻。陳仁錫本。鍾伯敬本。《四庫》著録。

史記集解一百三十卷

晉裴駰集解。明崇禎十四年毛晉汲古閣刻《十七史》本。光緒四年金陵書局本。《四庫》著録。

史記一百三十卷

晉裴駰集解，唐司馬貞索隱，張守節正義。明嘉靖南監刻《二十一史》本。

秦藩本史記一百三十卷

晉裴駰集解，唐張守節正義，司馬貞索隱。明嘉靖甲午秦府刻本。《列傳》以老子爲首。

史記評林一百三十卷

明淩稚隆刻本。

歸氏評點史記一百三十卷

武昌張裕釗校刻本，附《望溪史記平點》四卷。

漢書一百卷

漢班固撰，唐顔師古註。明崇禎十五年汲古閣本。江南局本。明萬曆北監本。明南監本。《四庫》著録。

漢書補注一百二十卷

唐顔師古注，清王先謙集解。光緒庚子虚受堂自刻本。

後漢書一百三十卷

宋范曄撰，晉司馬彪補志，唐章懷太子賢注。明嘉靖南監本。明崇禎十六年汲古閣刻本。江南局本。明萬曆北監本。《四庫》著録。

後漢書補注一百三十卷

清王先謙集解。虚受堂刻本。

三國志六十五卷

晉陳壽撰，宋裴松之注。明嘉靖南監本。明崇禎元年汲古閣本。江南局本。《四庫》著録。

晉書一百三十卷

唐房玄齡撰。明嘉靖南監本。明汲古閣本。武英殿本。江南局本。《四庫》著録。

晉書一百三十卷

附音義。明吴氏西爽堂校刻本。

宋書一百卷

梁沈約撰。明嘉靖南監本。汲古閣本。江南局本。《四庫》著録。

南齊書五十九卷

梁蕭子顯撰。明嘉靖南監本。明崇禎十年汲古閣本。武英殿本。江南局本。明萬曆北監本。《四庫》著録。

梁書五十六卷

唐姚思廉撰。明崇禎六年汲古閣本。江南局本。明南監本。《四庫》著録。

陳書三十六卷

唐姚思廉撰。明萬曆南監本。明崇禎四年汲古閣本。武英殿本。江南局本。《四庫》著録。

魏書一百十四卷

北齊魏收撰。明萬曆南監本。明崇禎九年汲古閣本。武英殿本。《四庫》著録。

北齊書五十卷

唐李百藥撰。明萬曆南監本。明崇禎十一年汲古閣本。武英殿本。江南局本。明萬曆北監本。《四庫》著録。

周書五十卷

唐令狐德棻撰。明萬曆南監本。明崇禎五年汲古閣本。武英殿本。江南局本。明萬曆北監本。《四庫》著録。

隋書八十五卷

唐魏徵等撰。明萬曆南監本。汲古閣本。武英殿本。揚州局本。《四庫》著録。

南史八十卷北史一百卷

唐李延壽撰。明萬曆南監本。汲古閣本。江南局本。《四庫》著録。

舊唐書二百卷

晉劉煦撰。明嘉靖戊戌聞人詮刻本。武英殿本。杭州局本。《四庫》著録。

岑刻舊唐二百卷逸文十二卷校勘記六十六卷

揚州岑建功刻本。

新唐書二百二十五卷

宋歐陽修等撰。汲古閣本。武英殿本。杭州局本。明南監本。《四庫》著録。

舊五代史一百五十卷目録二卷

宋薛居正等撰。乾隆四十九年武英殿本。嘉慶掃葉山房刻本。湖北書局重刻殿本。

《四庫》著録。

新五代史七十五卷

宋歐陽修撰。明萬曆南監本。汲古閣本。武英殿本。宣統元年劉世珩仿宋刻小字本。

湖北書局重刻汲古閣本。《四庫》著録。

新五代史補注七十四卷

清彭元瑞、劉鳳誥同撰。道光八年彭氏家刻本。

宋史四百九十六卷

元托克托等撰。明萬曆南監本。武英殿本。杭州局本。《四庫》著録。

遼史一百十六卷

元托克托等撰。明萬曆南監本。武英殿本。蘇州局本。《四庫》著録。

金史一百三十五卷

元托克托等撰。明南監本。武英殿本。蘇州局本。《四庫》著録。

元史二百十卷

明宋濂等撰。明萬曆南監本。武英殿本。蘇州局本。《四庫》著録。

新元史二百五十七卷

清柯劭忞撰。自刻本。

明史三百三十二卷

清張廷玉等撰。武英殿本。嘉慶丙寅江寧藩庫重刻武英殿本。武昌局本。《四庫》著録。

以上正史類專書之屬

史記索隱三十卷

唐司馬貞撰。明毛晉汲古閣本。掃葉山房本。《四庫》著録。

史記三書證譌三卷
清王元啓撰。廣雅書局本。

史記注補正一卷
清方苞撰。乾隆十一年家刻《望溪全集》本。

史記評注十二卷
清牛運震撰。乾隆刻本。

史記志疑三十六卷
清梁玉繩撰。乾隆丁未刻本。廣雅書局本。光緒戊子餘姚朱氏刻本。

史記毛本正誤一卷
清丁晏撰。《頤志齋叢書》本。

史記蠡測一卷

清林伯桐撰。道光甲辰家刻《修本堂叢書》本。

史記札記五卷

清張文虎撰。金陵局本。

漢書食貨志一卷

光緒甲申黎庶昌《古佚叢書》仿唐卷子本。

史表功比説一卷

清張錫瑜撰。廣雅書局本。

史記天官書補目一卷

清孫星衍撰。廣雅書局本。

古今人表攷九卷

清梁玉繩撰。嘉慶五年子學昌校刻《清白士集》本。

古今人表校注九卷

清翟云升撰。道光十二年五經歲徧齋刻本。

漢書地理志稽疑六卷

清全祖望撰。嘉慶九年朱文翰校刻本。咸豐癸卯伍崇曜刻《粤雅堂叢書》本。

漢書辨疑二十二卷

清錢大昭撰。廣雅書局本。

新斠注地理志十六卷

清錢坫撰。嘉慶二年刻本。

新斠地理志集釋十六卷

清錢坫撰，徐松集釋。同治甲戌章氏式訓堂刻本。

漢書地理志校本二卷

清汪邁孫撰。道光戊申振綺堂自刻本。

漢書地理志水道圖説七卷附考正胡氏禹貢圖一卷

清陳澧撰。家刻《東塾叢書》本。

楚漢疆域志三卷

清劉文淇撰。光緒丙子家刻本。廣雅書局本。

漢書藝文志一卷

唐顔師古注。日本文化八年刻《八史經籍志》本。

漢書藝文志攷證十卷

宋王應麟撰。嘉慶丙寅康基田校刊《玉海》附刻本。《四庫》著録，入史部目録。

漢書蒙拾三卷

清杭世駿撰。乾隆壬子世駿子賓仁刻《杭氏七種》本。

漢學拾遺一卷

清劉台拱撰。《劉端臨遺書》本。按，此書爲讀《漢書》之劄記。

漢書西域傳補注二卷

清徐松撰。道光九年張琦校刻本。《式訓堂叢書》本。《畿輔叢書》本。

漢書西域圖攷七卷

清李光廷撰。同治庚子自刻本。

漢書引經異文録證六卷

清繆祐孫撰。光緒乙酉自刻本。

漢志水道疏證四卷

清洪頤煊撰。《問經堂叢書》本。

漢書疏證三十六卷

清沈欽韓撰。光緒二十六浙江局本。按，此與《後漢書疏證》均未録全文，亦不録原注，故入於此。

漢書管見四卷

清朱一新撰。光緒二十二年葆真堂刻《拙盦叢稿》本。

班馬字類五卷

宋婁機撰。宋槧大字本，朱竹君舊藏。又苕溪鋤經堂仿宋大字刻本。《涉聞梓舊》本多《補遺》一卷。《後知不足齋叢書》本。

班馬異同評三十五卷

宋倪思撰，劉辰翁評。明天啟甲子聞啟祥刻《劉辰翁九種》本。《四庫》存目。倪書《四庫》著録。

史漢方駕三十五卷

明許相卿撰。萬曆甲申徐善循校刻本。《四庫》存目。

史漢駢枝一卷

清成蓉鏡撰。《南菁書院叢書》本。廣雅書局本。

補後漢書年表十卷

宋熊方撰。鮑廷博知不足齋單刻本。《四庫》著録。

補續漢書藝文志二卷

清錢大昭撰。《積學齋叢書》本。廣雅書局本。

後漢書蒙拾二卷

清杭世駿撰。《杭氏七種》本。

後漢書補表八卷

清錢大昭撰。嘉慶三年秦鑒《汗筠齋叢書》本。《粤雅堂叢書》本。

後漢書辨疑十一卷

清錢大昭撰。廣雅書局本。

續漢書辨疑九卷

清錢大昭撰。廣雅書局本。

後漢書注又補一卷

清沈銘彝撰。廣雅書局本。

後漢書令長考一卷

清錢大昭撰。光緒辛巳湖北局刻《巾箱叢書》本。《積學齋叢書》本。

後漢書補注二十四卷

清惠棟撰。嘉慶八年寶山李氏刻本。《粤雅堂叢書》本。

後漢書疏證三十卷

清沈欽韓撰。光緒二十六年浙江局本。

補後漢書藝文志四卷
清侯康撰。《嶺南遺書》本。
後漢書補注一卷
清侯康撰。《嶺南遺書》本。
後漢書朔閏考五卷
清徐紹楨撰。光緒辛卯自刻本。
申范一卷
清陳澧撰。此書專申蔚宗被罪之誣枉。《風雨樓叢書》本。
後漢書儒林傳補逸一卷
清田晉光撰。《郋齋叢書》本。
後漢書儒林傳補逸續一卷

清徐乃昌撰。《鄦齋叢書》本。

兩漢刊誤補遺十卷

宋吴仁傑撰。武英殿聚珍板本。《知不足齋叢書》本。《翠琅玕館叢書》本。《四庫》著録。

兩漢幽并涼三州今地考略一卷漢志沿邊十郡考略一卷

清徐繼畬撰。民國四年閻錫山刻《松龕全集》本。

三國志辨誤一卷

宋無撰人名氏。武英殿聚珍板本。《守山閣叢書》本。《四庫》著録。

三國疆域志二卷

清洪亮吉撰。《北江全集》本。光緒四年曾孫用懃刻《北江遺書》本。

三國職官表三卷

清洪齮孫撰。湖北局刻《巾箱叢書》本。

三國志補注六卷

清杭世駿撰。《粤雅堂叢書》本。《四庫》著録。

三國志辨疑三卷

清錢大昭撰。湖北局刻《巾箱叢書》本。

三國紀年表一卷

清孔廣牧撰。湖北局刻《巾箱叢書》本。

補三國藝文志四卷

清侯康撰。《嶺南遺書》本。《學海堂二集》本。

三國志旁證三十卷

清梁章鉅撰。道光三十年家刻本。

三國志證聞三卷
清錢儀吉撰。光緒乙酉江蘇局本。

晉書地理志新補正五卷
清畢沅撰。《經訓堂叢書》本。《式訓堂叢書》本。

晉書補傳贊一卷
清杭世駿撰。《杭氏七種》本。

東晉疆域志四卷
清洪亮吉撰。嘉慶元年自刻《北江全集》本。曾孫用懃刻《北江遺書》本。

晉書校文五卷
清丁國鈞撰。光緒甲午活字印本。

晉書校勘記四卷

清周雲撰。廣雅書局本。

補晉兵志一卷

清錢儀吉撰。《衎石齋紀事稿》本。

補晉書藝文志四卷附録一卷

清丁國鈞撰。光緒甲午活字印本。

補晉書經籍志四卷

清吴士鑑撰。光緒三十年自刻本。

補晉書藝文志五卷

清文廷式撰。宣統庚戌湖南活字印本。

補宋書刑法志一卷食貨志一卷

清郝懿行撰。《粤雅堂叢書》本。光緒十年懿行孫聯薇刻《遺書》本。

宋書州郡志校勘記一卷
清成蓉鏡撰。《南菁書院叢書》本。廣雅書局本。

宋瑣語一卷
清郝懿行撰。孫聯薇刻《遺書》本。

晉宋書故一卷
清郝懿行撰。孫聯薇刻《遺書》本。《粤雅堂叢書》本。

南北史表六卷
清周嘉猷撰。乾隆癸卯刻本。

南北史補志十四卷
清汪士鐸撰。淮南書局本。

隋唐經籍志四卷

唐魏徵等撰。《八史經籍志》本。

隋書經籍志攷證十三卷

清章宗源撰。光緒三年湖北局刻本。

舊唐書經籍志二卷

晉劉昫等撰。《八史經籍志》本。

舊唐書校勘記六十六卷

清羅士琳、陳立、劉文淇、劉毓崧同撰。道光癸卯揚州岑建功刻本。

舊唐書逸文十二卷

清岑建功輯。道光癸卯自刻本。

舊唐書疑義四卷

清張道撰。湖北局刻《巾箱叢書》本。

唐書藝文志四卷

宋歐陽修等撰。《八史經籍志》本。

新唐書糾繆二十卷

宋吴縝撰。武英殿聚珍板本。《知不足齋叢書》本。《四庫》著録。

新舊唐書表訂譌十二卷

清沈炳震撰。雍正癸丑刻同治辛未補修本。

新舊唐書互證二十卷

清趙紹祖撰。嘉慶癸酉古墨齋校刻本。

晉唐指掌四卷

明張大齡撰。《峭帆樓叢書》本。

五代史闕文一卷

宋王禹偁撰。明毛晉汲古閣本。《五代佚史四種》本，無年月。《四庫》著録，入雜史。

五代史補五卷

宋陶岳撰。汲古閣刻本。《五代佚史四種》本。《豫章叢書》本。《四庫》著録，入雜史。

五代史纂誤三卷

宋吴縝撰。武英殿聚珍板本。《知不足齋叢書》本。《四庫》著録。

五代史纂誤補四卷

清吴蘭庭撰。《藝海珠塵》本。《知不足齋叢書》本。

五代史纂誤補六卷

清吴光耀撰。光緒十四年家刻本。

補五代史藝文志一卷

清顧櫰三撰。光緒丁酉傅春官《金陵叢刻》本。《仰視千七百九鶴齋叢書》本。

五代紀年表一卷
清孔廣牧撰。湖北局刻《巾箱叢書》本。
宋史藝文志三卷
元托克托等撰。《八史經籍志》本。
宋史藝文志補一卷
清盧文弨撰。《八史經籍志》本。原在《羣書拾補》内。
宋史藝文志補一卷
清倪燦撰。光緒戊戌《金陵叢刻》本。
遼史拾遺二十四卷補遺五卷
清厲鶚撰。汪遠孫刻本。《四庫》著録。
金史詳校十卷

清施國祁撰。同治癸酉章氏式訓堂單行刻本。

元史藝文志四卷

清錢大昕撰。嘉慶丙寅黄丕烈校刻，并入《潛研堂全集》本。光緒乙酉江蘇局刻本。《八史經籍志》本。光緒甲申龍璋重刻《潛研堂全書》本。

元史氏族表三卷

清錢大昕撰。《潛研堂全集》本。重刻《潛研堂全書》本。

元史本證五十卷

清汪輝祖撰。嘉慶壬戌家刻本。光緒十五年徐友蘭刻《紹興先正遺書》本。

元史考訂四卷

清曾廉撰。光緒二十二年自刻本。

宋遼金元四史朔閏考二卷

清錢大昕撰。嘉慶二十五年阮福校刻本。《粤雅堂叢書》本。

遼金元三史國語解四十六卷

乾隆四十六年敕撰。道光四年内府重校刻本。《四庫》著録。

遼金元三史同姓名録四十卷

清汪輝祖撰。嘉慶戊午雙節堂刻本。

補遼金元藝文志一卷

清盧文弨撰。《八史經籍志》本，原在《羣書拾補》内。《書目答問》誤題倪璠撰。

補遼金元三史藝文志一卷

清金門詔撰。《八史經籍志》本，原在《金東山集》内。

明史藝文志四卷

清張廷玉等撰。《八史經籍志》本。

歷代史表五十九卷

清萬斯同撰。嘉慶元年留香閣校刻足本。《四庫》著録，入别史。

十七史商榷一百卷

清王鳴盛撰。乾隆丁未王氏洞涇草堂刻本。

二十二史考異一百卷

清錢大昕撰。嘉慶丁卯刻《潛研堂全集》本。重刻《潛研堂全書》本。

三史拾遺五卷

清錢大昕撰。嘉慶十一年門下李賡芸刻本。重刻《潛研堂全書》本。此補《史記》、兩《漢》考異之遺。《書目答問》誤作《遼》、《金》、《元》三史。

諸史拾遺五卷

清錢大昕撰。李賡芸刻本。重刻《潛研堂全書》本。

諸史然疑一卷
清杭世駿撰。《杭氏七種》本。《四庫》著録。

廿二史劄記三十六卷
清趙翼撰。嘉慶五年家刻《甌北全集》本。廣雅書局本。

史目表一卷
清洪飴孫撰。原刻本。《北江遺書》附刻本。

以上正史類音注訂補考證之屬

歷代帝王年表三卷
清齊召南撰。乾隆乙酉戴殿海刻本。道光四年《文選樓叢書》本，補明朝。《粤雅堂叢書》本。阮福刻本。

歷代帝王廟謚年諱譜一卷

清陸費墀撰。阮福刻本。

歷代統紀表十三卷疆域表三卷沿革表三卷

清段承基撰。嘉慶十年刻本。

廿一史四譜五十四卷

清沈炳震撰。同治辛未武林吴氏重修原板本。

歷代世系紀元編一卷

清沈炳震撰。道光二年姚文田刻本。《翠琅玕館叢書》本。

紀元要略二卷補注一卷

清陳景雲撰，子黄中補注。乾隆甲戌子黄中刻《文道十書》本。《藝海珠塵》本。

元號略四卷補遺一卷

清梁玉繩撰。嘉慶五年子學昌刻《清白士集》本。

歷代建元攷十卷

清鍾淵映撰。《守山閣叢書》本。

歷代紀元編三卷

清李兆洛撰。道光辛卯葉庚輩學齋刻本。《粤雅堂叢書》本。同治十年李鴻章刻《李氏五種》本。

歷代帝王紀年考一卷

清王檢心撰。道光癸卯慎修堂刻本。

建元記二卷

清趙紹祖撰。道光庚寅古墨齋自刻本。

歷代統系録六卷

清黄本驥撰。道光辛卯蔣瓌刻《三長物齋叢書》本。

歷代紀元表一卷年號分韻録一卷

清黄本驥撰。《三長物齋叢書》本。

以上正史類年表元號之屬

右史部正史類一百六十四種，六千三百三十一卷，重者不計。

史部二

編年類

資治通鑑二百九十四卷

宋司馬光撰。元胡三省音注。明天啓五年陳仁錫刻本。嘉慶二十一年胡克家仿元刻本。武昌局本。閻敬銘刻本。湖南胡元玉校刻本。《四庫》著録。

通鑑攷異三十卷

宋司馬光撰。胡克家仿元刻本。《四庫》著録。

通鑑目録三十卷
宋司馬光撰。同治八年江蘇書局仿宋刻本。《四庫》著録。

通鑑釋例一卷
宋司馬光撰。《四庫》著録。《資治通鑑》附刻本。

通鑑稽古録二十卷
宋司馬光撰。武昌局本。《四庫》著録。

通鑑問疑一卷
宋劉羲仲撰。明毛晉刻《津逮秘書》本。《豫章叢書》本。《四庫》著録，入史評。

通鑑釋文三十卷
宋史炤撰。光緒己卯陸心源刻《十萬卷樓叢書》本。

通鑑地理通釋十四卷

宋王應麟撰。《玉海》附刻本。《四庫》著録十卷。

通鑑答問五卷

宋王應麟撰。《玉海》附刻本。《四庫》著録，入史評。

通鑑釋文辨誤十二卷

元胡三省撰。明天啟五年陳仁錫刻本。胡克家仿元本。武昌局本。《四庫》著録。

通鑑胡注舉正一卷

清陳景雲撰。《文道十書》本。《四庫》著録。

通鑑胡注辨正二卷

清錢大昕撰。嘉慶壬子門人戈宙襄刻，彙入《潛研堂全集》本。

通鑑注商十八卷

清趙紹祖撰。古墨齋自刻本。

通鑑校勘記宋本五卷元本二卷

清張瑛撰。光緒八年江蘇書局刻本。

續資治通鑑長編一百六十卷

宋李燾撰。昭文張氏愛日精廬活字板本。《四庫》著録五百二十卷。

少微通鑑外紀四卷

宋江贄撰。明正德九年司禮監刻本。

少微通鑑節要五十卷

宋江贄撰。明正德九年司禮監刻本。《四庫》存目。

少微通鑑續編節要三十卷

明劉剡撰。正德九年司禮監刻本。明内府舊藏，有廣運之寶。

通鑑纂要九十二卷

明李東陽等奉勑撰。正德己卯慎獨齋刻本。

宋元資治通鑑六十四卷

明王宗沐撰。明崇禎丁丑路進刻本。

宋元資治通鑑一百五十七卷

明薛應旂撰。明天啓五年陳仁錫刻本。《四庫》存目。

資治通鑑補二百九十四卷

明嚴衍撰。咸豐元年童和豫排印活字本。

通鑑補正略三卷

明嚴衍撰，張敦仁抄。峭帆樓本。

御批通鑑輯覽一百十六卷明唐桂二王本末四卷

乾隆三十三年奉敕撰。内府刻本。杭州局本。《四庫》著録。

明紀六十卷

清陳鶴撰。陳克家續。蘇州局本。

續資治通鑑三百二十卷

清畢沅撰。經訓堂刻本。蘇州局本。

明通鑑一百卷

清夏燮撰。光緒二十三年湖北書局刻本。

以上編年類通鑑之屬

通鑑綱目五十九卷

宋朱子撰。明成化九年内府刊大字本。

朱子通鑑綱目五十九卷

宋朱子撰。康熙四十六年宋犖奉敕校刻御批本。

通鑑綱目前編十八卷舉要三卷外紀一卷

宋金履祥撰。宋犖奉敕校刻御批本。乾隆乙丑婺源祠堂刻《率祖堂叢書》本。《四庫》著録。

綱目發明五十九卷

宋尹起莘撰。明成化九年内府刊大字本。

綱目集覽五十九卷

元王幼學撰。明成化九年内府刊大字本。

通鑑綱目續編二十七卷

明商輅撰。宋犖奉敕校刻御批本。

綱目續麟彙覽三卷

明張自勳撰。《豫章叢書》本。《四庫》著録。

綱鑑正史約三十六卷

明顧錫疇撰。清陳宏謀補訂。浙江局本。《四庫》存目。

綱目訂誤四卷

清陳景雲撰。《文道十書》本。《四庫》著録。

綱目釋地糾繆六卷

清張庚撰。同治九年劉晚榮刻《述古叢鈔》本。《四庫》存目。

綱目釋地補注六卷

清張庚撰。乾隆庚午家刻本。《述古叢鈔》本。《四庫》存目。

御批通鑑綱目三編四十卷

乾隆四十年奉敕撰。武英殿聚珍版本。《四庫》著録。

以上編年類綱目之屬

漢紀三十卷

漢荀悦撰。康熙丙子蔣國祥刻本。《四庫》著録。

後漢紀三十卷

晉袁宏撰。蔣國祥刻本。《四庫》著録。

大唐創業起居注三卷

唐温大雅撰。《津逮秘書》本。繆刻《藕香零拾》本。《四庫》著録。

通鑑外紀十卷目録五卷

宋劉恕撰。蘇州局刻本。《四庫》著録。

大事記十二卷解題十二卷

宋吕祖謙撰。明阮元聲刻本。《四庫》著録。

兩漢年紀三十卷

宋王益之撰。《金華叢書》本。掃葉山房本。《四庫》著録。

五代春秋一卷

宋尹洙撰。《讀畫齋叢書》本。《四庫》存目。

建炎以來繫年要録二百卷

宋李心傳撰。光緒癸巳成都刻本。《四庫》著録。

靖康要録十六卷

宋無撰人名氏。《十萬卷樓叢書》本。《四庫》著録。

宋季三朝政要五卷附録一卷

宋無撰人名氏。《粤雅堂叢書》本。上虞羅氏宸翰樓覆元皇慶刻本。《守山閣叢書》本。《四庫》著録。

明大政纂要六十卷

明譚希思撰。湖南刻本。《四庫》存目。

世曆四卷

明陳士元撰。明刻《歸雲别集》本。

大政記三十六卷

明朱國楨撰。明刻本。《四庫》存目。

三唐傳國編年五卷

清吴非撰。宣統三年劉世珩刻本。

周季編略九卷

清黄式三撰。同治癸酉杭州刻本。周貞王元年至秦并天下。

小腆紀年二十卷

清徐鼒撰。咸豐辛酉家刻本。

以上編年類别本紀年之屬

右史部編年類五十五種，二千七百八十八卷，重者不計。

史部三

紀事本末類

繹史一百六十卷

清馬驌撰。康熙九年自刻本。《四庫》著録。

通鑑紀事本末四十二卷

宋袁樞撰。廣雅書局本。《四庫》著録。

三朝北盟會編二百五十卷

宋徐夢莘撰。光緒四年浙江活字排印本。《四庫》著録。

蜀鑑十卷

宋郭允蹈撰。《守山閣叢書》本。《四庫》著録。

宋史紀事本末二十六卷

明陳邦瞻撰。廣雅書局本。《四庫》著録。

元史紀事本末二十七卷

明陳邦瞻撰。同治甲戌南昌局刻本。廣雅書局本。《四庫》著録四卷。

左傳紀事本末五十三卷

清高士奇撰。《四庫》著録。廣雅書局本。

遼史紀事本末三十九卷首末二卷

清李有棠撰。光緒癸卯家刻本。

金史紀事本末五十一卷首末二卷

清李有棠撰。光緒癸卯家刻本。

西夏紀事本末三十六卷

清張鑑撰。光緒甲申江蘇局刻本。光緒乙酉《半厂叢書》刻本。

明史紀事本末八十卷

清谷應泰撰。南昌局刻本。廣雅書局本。《畿輔叢書》本。《四庫》著録。

鴻猷録十六卷

明高岱撰。明刻本。《四庫》存目。

三藩紀事本末四卷

清楊陸榮撰。康熙丁酉自刻本。《四庫》存目。

滇考二卷

清馮甦撰。康熙原刻本。《台州叢書》本。《四庫》著録。

臺灣外紀三十卷

清江日昇撰。康熙甲申刻本。

皇朝武功紀盛四卷

清趙翼撰。乾隆壬子家刻《甌北全集》本。《讀畫齋叢書》本。

聖武記十四卷

清魏源撰。道光二十二年初刻本。道光二十六年重定小字刻本。

淮軍平捻記十二卷

無撰人名氏。同治刻本。

中西紀事二十四卷

清江上蹇叟、夏燮撰。同治四年上海刻本。

平定羅刹方略四卷

無撰人名氏。《功順堂叢書》本。

平苗紀略一卷

清方顯撰。同治癸酉五世孫方大湜重刻本。金德瑛、王柏心序。

平定粵匪紀略十八卷附録四卷

清杜文瀾撰。光緒《曼陀羅華閣叢書》本。

湘軍志十六卷

清王闓運撰。光緒乙酉蔛微齋校刊本。

湘軍記二十卷

清王定安撰。江南書局本。

東方兵事紀略五卷

清姚錫光撰。光緒己亥刻本。

右史部紀事本末類二十五部，九百五十二卷，重者不計。

史部四

古史類

汲冢周書十卷

晉孔晁注。《漢魏叢書》本。

逸周書孔晁注十卷

清盧文弨校。《抱經堂叢書》本。《四庫》著録，入别史。

周書王會篇補注一卷

宋王應麟撰。《玉海》附刻本。

踐阼篇注一卷

宋王應麟撰。《玉海》附刻本。

逸周書補注二十四卷

清陳逢衡撰。自刻《陳氏叢書》本。

逸周書集訓校釋十卷逸文一卷

清朱右曾撰。鄂刻《子書百種》本。《經解續編》本。道光丙午自刻本。

逸周書管箋十六卷

清丁宗洛撰。道光庚寅自刻本。

汲冢周書輯要一卷

清郝懿行撰。《郝氏遺書》本。

讀逸周書雜志四卷

清王念孫撰。《讀書雜志》本。《經解續編》本。

逸周書校補四卷

清孫詒讓撰。光緒庚子自刻本。

天聖明道本國語韋昭注二十一卷札記一卷

清顧廣圻校。黄氏士禮居仿宋刻本。《四庫》著録，入雜史。

國語補音三卷

宋宋庠撰。孔氏《微波榭叢書》本。吴氏望三益齋刻本。

國語校注本三種二十九卷

《三君注輯存》四卷、《國語發正》二十一卷、《國語考異》四卷，清汪遠孫撰。振綺堂自刻本。《經解續編》本。

國語韋昭注疏十六卷

清洪亮吉撰。旌德吕氏刻本。

國語無注本二十一卷

明吴勉學刻本。

國語九卷

明閔齊伋校刻朱墨本。

國語補注一卷

清姚鼐撰。《惜抱軒全集》本。《南菁書院叢書》本。

國語補校一卷

清劉台拱撰。《端臨遺書》本。《廣雅叢書》本。《經解續編》本。

國語校文一卷

清汪中撰。江標刻《靈鶼閣叢書》本。

國語翼解六卷

清陳瑑撰。《廣雅叢書》本。

戰國策十二卷

明閔齊伋校刻朱墨本。

戰國策無注本十卷

明吴勉學校刻本。

剡川姚氏本戰國策高誘注三十三卷札記三卷

宋姚宏校正續注，清顧廣圻校。黄氏士禮居仿宋刻本。武昌覆刻黄本。《四庫》著録，入雜史。

戰國策高誘注三十三卷

清盧見曾校。《雅雨堂叢書》本。《畿輔叢書》本。

戰國策校注十卷

宋鮑彪注。元吴師道補正。明嘉靖戊子龔雷刻本。萬曆九年張一鯤刻本。《惜陰軒叢書》本。《四庫》著録，入雜史。

戰國策地名攷二十卷

清程恩澤撰，狄子奇箋。《粤雅堂叢書》本。道光辛卯狄氏家刻本。

戰國策釋地二卷

清張琦撰。宛鄰書屋刻本。《式訓堂叢書》本。

戰國紀年六卷

清林春溥撰。《竹柏山房叢書》本。

山海經十八卷

晉郭璞注。康熙中項絪影宋校刻本。《四庫》著録，入子部小説家。

山海經新校正十八卷

清畢沅新校正。乾隆癸卯《經訓堂叢書》本。

山海經廣注十八卷雜述一卷圖五卷

清吴任臣注。乾隆乙巳刻本。康熙五年刻本。

山海經箋疏十八卷圖讚一卷訂僞一卷

郭璞讚。清郝懿行箋疏。《郝氏遺書》本。

山海經補注一卷

明楊慎撰。《藝海珠塵》本。《函海》本。

山海經圖讚二卷

《藝海珠塵》本。《觀古堂彙刻書》本。

讀山海經一卷

清俞樾撰。《俞氏叢書》本。

竹書紀年二卷

晉荀勗校定，梁沈約注。《漢魏叢書》本。明嘉靖中范欽訂刻本。《四庫》著録，入編年。

校正竹書紀年二卷

清洪頤煊校。《平津館叢書》本。

竹書紀年統箋十二卷

清徐文靖撰。乾隆十五年家刻《位山六種》本。浙刻《二十二子》本。《四庫》著録，入編年。

竹書紀年集證五十八卷

清陳逢衡撰。嘉慶癸酉家刻《陳氏叢書》本。

竹書紀年集注二卷

清陳詩撰。嘉慶乙丑刻本。

竹書紀年校正十四卷

清郝懿行撰。家刻《郝氏遺書》本。

竹書紀年校補二卷

清張宗泰撰。《聚學軒叢書》本。

竹書紀年補證四卷後案一卷

清林春溥撰。《竹柏山房叢書》本。

考訂竹書紀年十四卷

清雷學淇撰。家刻本。

穆天子傳郭璞注七卷

清洪頤煊校。《平津館叢書》本。《四庫》著録，入子部小説家。

覆校穆天子傳六卷校補一卷

清翟云升撰。五經歲徧齋刻本。

穆天子傳註疏六卷

清檀萃撰。《碧琳琅館叢書》本。

世本一卷

清孫馮翼輯。《問經堂叢書》本。高郵茅氏輯刻《十種古書》本。

校輯世本三卷

漢宋衷注。清雷學淇輯。《畿輔叢書》本。

輯世本五卷

清張澍輯。道光元年武威張氏刻《二酉堂叢書》本。

世本輯補十卷

清秦嘉謨輯。《琳琅仙館叢書》本。

世本攷證二卷

清陳其榮增訂。《槐廬叢書》本。

家語王肅注十卷札記一卷

貴池劉氏《玉海》堂影宋本。《四庫》著録，入子部儒家。

家語補注八卷

明何孟春撰。明正德二年聖府永明書院刻本。

家語證僞十一卷

清范家相撰。光緒十五年鑄學齋刻本。

家語疏證六卷

清孫志祖撰。《式訓堂叢書》本。乾隆五十八年家刻本。

家語疏證十卷

清陳士珂撰。《湖北叢書》本。

晏子春秋七卷音義二卷

清孫星衍撰。《岱南閣叢書》本。《經訓堂叢書》本。武昌局本。思賢講舍刻本。《四庫》著録，入傳記。

晏子春秋校勘記二卷

清黄以周撰。《二十二子》本。

晏子春秋校正一卷

清盧文弨撰。《羣書拾補》本。

越絶書十五卷

漢袁康撰。《漢魏叢書》本。《四庫》著録，入載記。

讀越絶書一卷

清俞樾撰。《俞氏叢書》本。

吴越春秋十卷

漢趙曄撰。《漢魏叢書》本。《四庫》著録，入載記。

吴越春秋注十卷

元徐天祐注。徐乃昌重刻明仿元本，附《札記》、《佚文》。

影宋本吴越春秋校文一卷

清蔣光煦撰。《涉聞梓舊》本。

吴越春秋校勘記一卷逸文一卷

清顧觀光輯。《武陵山人遺書》本。

讀吴越春秋一卷

清俞樾撰。《俞氏叢書》本。

附圖列女傳七卷續一卷

漢劉向撰。阮氏仿宋刻本。《四庫》著録，入傳記。

列女傳注八卷

清郝懿行妻王照圓撰。《郝氏遺書》本。

列女傳校注八卷

清汪遠孫妻梁端撰。振綺堂刻本。

新序十卷

漢劉向撰。《漢魏叢書》本。鐵華館覆宋本。明何良俊刻本。明吴勉學刻本。《四庫》著録，入子部儒家。

説苑二十卷

漢劉向撰。《漢魏叢書》本。明何良俊刻本。明吴勉學刻本。《四庫》著録，入子部儒家。

古史攷一卷

蜀譙周撰。《平津館叢書》本。

開闢傳疑二卷

清林春溥撰。《竹柏山房叢書》本。

古史紀年十四卷

清林春溥撰。《竹柏山房叢書》本。

古史考年同異表二卷

清林春溥撰。《竹柏山房叢書》本。

古史輯要六卷

無撰人名氏。《海山仙館叢書》本。

右史部古史類七十七部，七百四十卷，重者不計。

史部五

别史類

東觀漢記二十四卷

舊題漢劉珍撰。武英殿聚珍板本。《四庫》著録。

路史四十七卷

宋羅泌撰。乾隆元年羅玉藻刻本。《四庫》著録。

荒史六卷

明陳士元撰。明萬曆丁亥家刻《歸雲别集》本。始盤古，迄帝摯。

尚史七十卷

清李鍇撰。嘉慶乙丑悦道樓刻本。起軒轅，迄周。《四庫》著録。

春秋别典十五卷

明薛虞畿撰，孫星衍注。《嶺南遺書》本。《守山閣叢書》本。《四庫》著録。

七家後漢書二十一卷

清汪文臺輯。光緒八年崔文榜刻本。

後漢書五卷

吴謝承撰，清王謨輯。嘉慶中刻《漢魏遺書》本。

元經薛氏傳十卷

舊題隋王通撰，唐薛收續并傳。《漢魏叢書》本。《四庫》著録，入編年。

續後漢書四十七卷札記一卷

宋蕭常撰。道光二十一年郁松年刻《宜稼堂叢書》本。《四庫》著録。

續後漢書九十卷札記四卷

元郝經撰。《宜稼堂叢書》本。《四庫》著録。

晉紀六十八卷

清郭倫撰。乾隆丙午家刻本。

晉略六十六卷

清周濟撰。道光己亥家刻本。光緒二年味雋齋重刻本。

西魏書二十四卷

清謝啟昆撰。乾隆己卯刻本。

順宗實録五卷

唐韓愈撰。《海山仙館叢書》本。《昌黎集》本。《全唐文》本。

續唐書七十卷

清陳鱣撰。道光十七年刻本。

宋太宗實録八卷

宋錢若水奉勑修。風雨樓活版本。

隆平集二十卷

舊題宋曾鞏撰。康熙辛巳彭期校刻本。《四庫》著録。

古史六十卷

宋蘇轍撰。《四庫》著録。明刻本。掃葉山房刻本。

東都事略一百三十卷

宋王偁撰。五松室仿宋程舍人宅本。揚州局覆五松室本。《四庫》著録。

南宋書六十卷

明錢士升撰。掃葉山房本。《四庫》存目。

宋史翼四十卷

清陸心源撰。光緒乙巳十萬卷樓刻本。

契丹國志二十七卷

宋葉隆禮撰。掃葉山房本。《四庫》著録。

大金國志四十卷

金宇文懋昭撰。掃葉山房本。《四庫》著録。

弘簡録二百五十四卷

明邵經邦撰。康熙戊辰邵錫蔭刻本。張文襄師云：「是書意在續《通志》。無力購《宋》、《遼》、《金》三史者，可以此書代之。」

元史類編四十二卷

清邵遠平撰。掃葉山房本。此書又名《續弘簡録》。邵位西云：「遠平書實勝邵經邦《弘簡録》。」

元史新編九十五卷

清魏源撰。光緒三十一年邵陽魏光燾刻本。

元書一百二卷

清曾廉撰。宣統三年自刻本。

元秘史十五卷

不著撰人名氏。楊墨林刻《連筠簃叢書》本。

原譯元朝秘史十卷續二卷

元忙豁倫紐察托察安撰。葉德輝校刻本。

吾學編六十九卷

明鄭曉撰。隆慶元年家刻本。起洪武，迄正德。

南疆繹史三十卷摭遺十八卷䘏謚考八卷

清温睿臨撰，李瑶勘補。道光十年京城琉璃廠半松居士活字排印本。

小腆紀傳六十五卷補遺五卷

清徐鼒撰。同治八年魏錫曾校本。

明書一百七十一卷目録二卷

清傅維鱗撰。《畿輔叢書》本。《四庫》存目。

明史稿三百十卷首五卷

清王鴻緒撰。雍正四年家刻本。

明史殘稿二卷

清方象瑛撰。《振綺堂叢書》本。

古今紀要十九卷

宋黄震撰。乾隆丁亥汪岱光刻小字本。《四庫》著録。

古今紀要逸編一卷

宋黄震撰。《知不足齋叢書》本。《四庫》著録。

藏書六十八卷續藏書二十一卷

明李贄撰。明刻本。《四庫》存目。

東華録三十二卷

清蔣良騏撰。抄本。乾隆三十年刻本。

嘉慶東華録五十卷

清王先謙撰。欽文書局刻本。

道光東華録六十卷

清王先謙撰。欽文書局刻本。

右史部别史類四十一種，二千五百四卷，重者不計。

史部六

雜史類

楚漢春秋一卷

漢陸賈撰。清洪頤煊輯。嘉慶九年孫馮翼刻《經典集林》本。又茆泮林輯《十種佚書》本。

蜀王本紀一卷

漢揚雄撰。孫刻《經典集林》本。

帝王世紀十卷

晉皇甫謐撰。清宋翔鳳輯。《平津館叢書》本。《浮溪精舍叢書》本。

汲冢瑣語一卷

晉束晳傳，洪頤煊輯。孫刻《經典集林》本。

史記短長説二卷

明淩稚隆訂正。《海山仙館叢書》本。或云此書明人僞撰。

伏侯古今注一卷

漢伏無忌撰。茆泮林輯刻《十種佚書》本。

貞觀政要十卷

唐吴兢撰。明成化元年刻大字本。康熙己未潛江朱載震刻本。有淮南李爲霖、石城徐惺兩序。《四庫》著録。

建康實録二十卷

唐許嵩撰。張海鵬刻本。《四庫》著録，入别史。

杜陽雜編三卷

唐蘇鶚撰。明商維濬《稗海》本。《四庫》著録，入子部小説家。

東觀奏記三卷

唐裴庭裕撰。明稗海本。道光辛丑顧湘《小石山房叢書》本。光緒甲辰《藕香零拾》本。《四庫》著録。

渚宫舊事五卷補遺一卷

唐余知古撰。《平津館叢書》本。《四庫》著録。

安禄山事蹟三卷

唐姚汝能撰。《藕香零拾》本。

廣陵妖亂志一卷

唐郭廷誨撰。《藕香零拾》本。

奉天録四卷

唐趙元一撰。道光三年秦恩復石研齋刻本。《粤雅堂叢書》本。《雲自在龕叢書》本。

釣磯立談一卷

宋史虛白撰。康熙丙戌曹寅刻《楝亭十二種》本。《知不足齋叢書》本。《四庫》著録，入載記。

玉牒初草六卷

宋劉克莊撰。《藕香零拾》本。

南部新書十卷

宋錢易撰。《粤雅堂叢書》本。《四庫》著録，入子部小説家。

鑒誡録十卷

宋何光遠撰。《知不足齋叢書》本。湖北局本。《四庫》著録，入子部小説家。

錦里耆舊傳四卷

宋句延慶撰。《讀畫齋叢書》本。《四庫》著録，入載記。

涑水紀聞十六卷

宋司馬光撰。武英殿聚珍板本。湖北局本。《四庫》著録，入子部小説家。

丁晉公談録一卷

宋丁謂撰〔一〕。明弘治十四年華埕重刻宋左圭《百川學海》本。《四庫》存目，入子部小説家。

王文正公筆録一卷

宋王曾撰。明重刻《百川學海》本。《四庫》著録，入子部小説家。

澠水燕談録十卷

宋王闢之撰。《知不足齋叢書》本。《四庫》著録，入子部小説家。

〔一〕「宋」，原作「朱」，當作「宋」。

李忠定輔政本末一卷

不著撰人名氏。武昌局本。

建炎進退志四卷建炎時政記三卷

宋李綱撰。光緒甲申邵武徐幹刻本。《四庫》存目。

靖康傳信録三卷

宋李綱撰。《海山仙館叢書》本。光緒甲申徐幹刻本。《函海》本。

北狩見聞録一卷

宋曹勛撰。《學津討源》本。《四庫》著録。彭文勤云：「此書已採入《三朝北盟會編》。」

僞齊録二卷

宋不著撰人名氏。記劉豫事。《藕香零拾》本。

中興戰功録一卷

宋李璧撰。《藕香零拾》本。

中興禦侮録二卷

宋不著撰人名氏。《粤雅堂叢書》本。

襄陽守城録一卷

宋趙萬年撰。《粤雅堂叢書》本。《四庫》存目。

慶元黨禁一卷

宋不著撰人名氏。《知不足齋叢書》本。按，此書乃紀事之雜史。《四庫》入傳記類，非也。

開禧德安守城録二卷

宋王致遠撰。同治壬申孫衣言刻《永嘉叢書》本。

道命録十卷

宋李心傳撰。《知不足齋叢書》本。葉德輝云:「此書《四庫提要》入傳記名人之屬,存目。」今按其書乃紀慶元黨禍諸事,而以趙忠定、朱子爲道統所屬,其事特詳,故名之曰《道命録》。然紀一人之事,則生卒始末不詳,紀諸人之事,則里貫仕籍不具。論其體要,與《慶元黨禁記》、《黨事》首尾者相同。蓋史家雜史之屬。《四庫》并《慶元黨禁》入傳記,非也。

庚申外史二卷

宋葛禄權衡撰。道光丁未《海山仙館叢書》本。《豫章叢書》本。

歸潛志十四卷

元劉祁撰。武英殿聚珍板本。《知不足齋叢書》本。又一部,無刻者姓名及年月。《四庫》著録,入子部小説家。

至元征緬録一卷

元不著撰人名氏。《守山閣叢書》本。

平宋録三卷

元劉敏中撰。《守山閣叢書》本。《四庫》著録。

招捕總録一卷

宋不著撰人名氏。《守山閣叢書》本。

大金弔伐録四卷

宋不著撰人名氏。《守山閣叢書》本。《四庫》著録。

汝南遺事四卷

元王鶚撰。《畿輔叢書》本。《四庫》著録。

元聖武親征録一卷

清何秋濤輯。《漸西村舍叢刻》本。《四庫》存目。

保越録一卷

元徐勉之撰。《十萬卷樓叢書》本。

蒙古源流八卷

蒙古小徹辰薩囊台吉撰。乾隆四十二年奉敕譯刻本。《四庫》著録。

雲南機務鈔黄一卷

明張紞編。《惜陰軒叢書》本。《四庫》存目。

否泰録一卷

明劉定之撰。《豫章叢書》本。《四庫》存目。

北征録一卷後録一卷

明金幼孜撰。《豫章叢書》本。《四庫》存目。

復辟録一卷

明楊瑄撰。《豫章叢書》本。《四庫》存目。

炎徼紀聞四卷

明田汝成撰。借月山房本。

北征事蹟一卷

明袁彬撰。《豫章叢書》本。《四庫》存目。又借月山房本。

平播全書十五卷

明李化龍撰。《畿輔叢書》本。《四庫》存目。

平夏録一卷

明黄標撰。明儼山書院刻本。記平明玉珍事。

徐海本末一卷

明茅坤撰。借月山房本。

平蜀記一卷

不著撰人名氏。借月山房本。

平吳記一卷

明吳寬撰。借月山房本。

平漢記一卷

明童承叙撰。借月山房本。

典故紀聞十八卷

明余繼登撰。《畿輔叢書》本。《四庫》存目。

崇禎朝記事四卷

明李遜之撰。光緒丁酉盛宣懷刻《常州先哲遺書》本。

五藩實録七卷

不著撰人名氏。京都琉璃廠活字版本。

姜氏秘史五卷

明姜清撰。《豫章叢書》本。《四庫》存目一卷

潯陽紀事一卷

明袁繼咸撰。《豫章叢書》本。紀潯變事。

庭聞録六卷附録一卷

明劉健撰。《豫章叢書》本。紀滇變事。

革除遺事六卷

明黄佐撰。《嶺南遺書》本。《四庫》存目。又借月山房本。

弇州别集一百卷

明王世貞撰。廣雅書局本。《四庫》著録。

列朝盛事一卷

明王世貞撰。《借月山房叢書》本。

平定交南録一卷

明丘濬撰。《嶺南遺書》本。《借月山房》本。

雙槐歲鈔十卷

明黄瑜撰。《嶺南遺書》本。《四庫》存目，入子部小説家。

竹中記一卷

明魏晉封撰。王葆心校印本。記張獻忠禍鄂事。

勝朝彤史拾遺記六卷

清毛奇齡撰。《西河全集》本。《藝海珠塵》本。

武宗外紀一卷

清毛奇齡撰。《西河全集》本。《藝海珠塵》本。《四庫》存目。

明季北略二十四卷南略十八卷

清計六奇撰。道光十年琉璃廠書坊活字排印本。

永曆實録二十五卷

清王夫之撰。《船山遺書》本。

國史攷異六卷

清潘檉章撰。光緒甲申潘祖蔭刻《功順堂叢書》本。

征東實紀一卷

清錢世楨撰。光緒癸巳徐世愷刻《觀自得齋叢書》本。記明萬曆時討日本事。

蜀難敘略一卷

清沈荀蔚撰。紀其父雲祚殉寇難事。《知不足齋叢書》本。

行朝録十二卷

清黄宗羲撰。光緒十九年徐友蘭刻《紹興先正遺書》本。

隆武紀年一卷永歷紀年一卷魯紀年一卷

清黄宗羲撰。鄧實《國粹叢書》本。

海外慟哭記一卷

清黄宗羲撰。《古學彙刊》本。

贛州失事紀一卷紹武爭立紀一卷舟山興廢紀一卷

清黄宗羲撰。《國粹叢書》本。

日本乞師記一卷四明山寨記一卷賜姓始末一卷

清黄宗羲撰。《國粹叢書》本。

後鑑録七卷

清毛奇齡撰。《西河全集》本。按此書紀明代寇亂事。《四庫》存目。

纖書二卷

清陸圻撰。《古學彙刊》本。

甲申傳信録十卷

清錢䭾撰。《國粹叢書》本。

東南紀事十二卷西南紀事十二卷

清邵廷寀撰。邵武徐榦刻本。

海東逸事十八卷

海東老民撰。邵武徐榦刻本。

見聞隨筆二卷

清馮甦撰。上卷記闖獻事，下卷記永明王事。《台州叢書》本。

虎口餘生記一卷

明邊大綬撰。《知不足齋叢書》本。

明季稗史二十七卷

不著編輯人名氏。京城琉璃廠留雲居士活字排印本。明文秉《烈皇小識》八卷、顧炎武《聖安皇帝本紀》二卷、《行在陽秋》二卷、《嘉定屠城紀略》一卷、明夏允彝《幸存録》二卷、明夏完淳《續幸存録》一卷、明客溪樵隱《求野録》一卷、明自非逸史《也是録》一卷、《江南聞見録》一卷、明瞿其美《粤遊見聞》一卷、《賜姓始末》一卷、明華復蠡《兩廣紀略》一卷、《東溟聞見録》一卷、明應喜臣《青燐屑》一卷、《耿尚孔吴合傳》一卷、王秀楚《揚州十日記》一卷。

二申野録八卷

清孫之騄撰。《四庫》存目。舊刻本，無年月。

客舍新聞一卷

清彭孫貽撰。《振綺堂叢書》本。

綏寇紀略十二卷補遺三卷

清吴偉業撰。嘉慶甲子張海鵬刻本。《四庫》著録，入紀事本末。

平臺紀略一卷

清藍鼎元撰。雍正刊《鹿洲全集》本。紀平朱一貴之亂。《四庫》著録，入紀事本末。

聖祖五幸江南録一卷

無撰人名氏。《振綺堂叢書》本。

東槎紀略五卷

清姚瑩撰。同治丁卯子濬昌刻本。

克復諒山大略一卷

清張之洞撰。《振綺堂叢書》本。記馮子才戰勝法軍事。

拳匪聞見録一卷

清管鶴撰。《振綺堂叢書》本。

獨山平匪日記一卷遵義平匪日記一卷平苗紀略一卷附韓南溪年譜一卷

清韓超撰。《振綺堂叢書》本。

中興政要一卷

清文廷式撰。《振綺堂叢書》本。

吴中平寇記八卷

清錢勗撰。同治庚午刻本。

戊戌紀略一卷

袁世凱撰。舊鈔本。

以上雜史類紀事之屬

摭言十五卷

唐王定保撰。《雅雨堂叢書》本。

近事會元五卷

宋葉上交撰。《守山閣叢書》本。《畿輔叢書》本。

文昌雜録七卷

宋龐元英撰。《雅雨堂叢書》本。

翰苑羣書二卷

宋洪遵撰。《知不足齋叢書》本。

春明退朝録三卷

宋宋敏求撰。《畿輔叢書》本。《百川學海》本。

麟臺故事五卷

宋程俱撰。武英殿聚珍板本。

卻掃編三卷

宋徐度撰。《津逮秘書》本。

燕翼貽謀録五卷

宋王林撰。明重刻《百川學海》本。《四庫》著録。

揮麈録二卷

宋楊萬里撰。明重刻《百川學海》本。

玉堂雜記三卷

宋周必大撰。明重刻《百川學海》本。《津逮秘書》本。

愧郯録十五卷

宋岳珂撰。《知不足齋叢書》本。

朝野類要五卷

宋趙昇撰。《知不足齋叢書》本。

玉堂嘉話八卷

元王惲撰。《守山閣叢書》本。

三垣筆記三卷附識三卷

明李清撰。鄧氏風雨樓活字排印本。

明内廷規制考三卷

不著撰人名氏。借月山房本。

觚不觚録一卷

明王世貞撰。借月山房本。《四庫》著録，入子部小説家。

蓬山密記一卷

清高士奇撰。風雨樓活字排印本。

詞林典故六十四卷

嘉慶十年敕撰。内府刻本。

清秘述聞十六卷

清法式善撰。嘉慶己未刻本。

槐廳載筆二十卷

清法式善撰。嘉慶己未刻本。

石渠餘紀六卷

清王慶雲撰。光緒甲申慶雲孫仁堪刻本。光緒己亥甯鄉黄氏刻本。

以上雜史類掌故之屬

大唐新語十三卷

唐劉肅撰。明稗海本。《四庫》著録，入子部小説家。

隋唐佳話三卷

唐劉餗撰。明刻《四十家文房小説》本。

宣和遺事二卷

宋無撰人名氏。嘉慶己巳黄丕烈士禮居仿宋刻本。

洛陽搢紳舊聞記五卷

宋張齊賢撰。《知不足齊叢書》本。《四庫》著録，入子部小説家。

孫公談圃三卷

宋孫升撰。劉延世編。明重刻《百川學海》本。明《稗海》本。葉德輝云：「此書多記北宋諸臣遺聞佚事，實爲史部之學。《四庫》列入小説，非也。」

湘山野録三卷續録一卷

宋釋文瑩撰。《津逮秘書》本。吴興張氏《擇是居叢書》本。

玉壺清話十卷

宋釋文瑩撰。《知不足齋叢書》本。《守山閣叢書》本。一稱《玉壺清史》。

曲洧舊聞十卷

宋朱弁撰。《知不足齋叢書》本。《學津討源》本。

松漠紀聞一卷續一卷

宋洪皓撰。明《古今逸史》本。《豫章叢書》本。《四庫》著録。

石林燕語考異十卷

宋葉夢得撰，宇文紹奕攷異。明《稗海》本。光緒丁未葉德輝校刻《石林遺書》本。

石林燕語辨十卷

宋汪應辰撰。葉德輝校刻《石林遺書》本。

四朝聞見録五卷

宋葉紹翁撰。《知不足齋叢書》本。

咸淳遺事二卷

宋無撰人名氏。《粤雅堂叢書》本。《守山閣叢書》本。《四庫》著録。

耆舊續聞十卷

宋陳鵠撰。《知不足齋叢書》本。《四庫》著録，入子部小説家。

東京夢華録十卷

宋孟元老撰。光緒三年丁丙《武林掌故叢編》本。《唐宋叢書》本。

夢粱録二十卷

宋吴自牧撰。《知不足齋叢書》本。《武林掌故叢編》本。

武林舊事十卷

宋周密撰。《知不足齋叢書》本。《武林掌故叢編》本。

錢唐遺事十卷

元劉一清撰。《武林掌故叢編》本。掃葉山房本。《四庫》著録。

明宫史五卷

明吕毖校。宣統庚戌國學扶輪社活字排印本。此即《酌中志》之十六卷至二十三卷，爲明内監劉若愚撰。吕毖校正，故題其名。

酌中志二十四卷

明劉若愚撰。道光乙巳《海山仙館叢書》刻足本。按，明抄本短《明宫史》之五卷及末《黑頭爰立》一卷。

酌中志餘二卷

明劉若愚撰。湖北局刻《巾箱叢書》本。此皆《酌中志》、《明宫史》未載之事。

社事始末一卷

清杜登春撰。《藝海珠塵》本。

復社姓氏三卷

清吴應箕撰。宣統庚戌劉世珩刻本。

復社記事一卷

清吴偉業撰。《借月山房彙鈔》本。

天水氷山録一卷附鈐山堂書畫記一卷

明嘉靖時籍没嚴嵩家産簿。《知不足齋叢書》本。

碧血録二卷

清黄煜編。紀明天啓死璫禍諸臣事。《知不足齋叢書》本。

痛餘雜録一卷

明史惇撰。道光十年高承勳刻《續知不足齋叢書》本。

粵行紀事三卷

清瞿昌文撰。《知不足齋叢書》本。

徵信録二卷

清汪箴撰。《叢睦汪氏遺書》本。記粵匪始末及英人入廣州始末。

永憲録一卷

清蕭奭齡撰。風雨樓活字本。

春明夢餘録七十卷

清孫承澤撰。古香齋袖珍本。

人海記一卷

清查慎行撰。湖北局刻《巾箱叢書》本。

嘯亭雜録十卷續録三卷

舊題汲修主人撰。宣統元年上海活字板本。按,汲修主人爲禮親王昭槤。

記桐城方戴兩家書案一卷

無撰人名氏。風雨樓活字本。

樞垣記略二十八卷

清梁章鉅原撰十六卷,朱智等續增十六卷。光緒元年刻本,恭親王序。

聖德紀略一卷僇直紀略一卷恩遇紀略一卷舊聞紀略一卷

清瞿鴻禨撰。手蹟石印本。

以上雜史類瑣記之屬

右史部雜史類一百五十八種,一千四百二十八卷,重者不計。

崇雅堂書録卷之四終